RAPPORT

ADRESSÉ A M. ROUVIER

RÉSIDENT GÉNÉRAL DE FRANCE A TUNIS

SUR

LES CULTURES FRUITIÈRES

ET EN PARTICULIER SUR LA

CULTURE DE L'OLIVIER

dans le centre de la Tunisie

TUNIS

IMPRIMERIE RAPIDE, RUE DE CONSTANTINE

1893

DES CULTURES FRUITIÈRES

ET EN PARTICULIER

DE LA CULTURE DE L'OLIVIER

DANS LE CENTRE DE LA TUNISIE

RAPPORT

ADRESSÉ A M. ROUVIER

RÉSIDENT GÉNÉRAL DE FRANCE A TUNIS

SUR

LES CULTURES FRUITIÈRES

ET EN PARTICULIER SUR LA

CULTURE DE L'OLIVIER

dans le centre de la Tunisie

TUNIS

IMPRIMERIE RAPIDE, RUE DE CONSTANTINE

1893

RAPPORT

adressé à M. ROUVIER, Résident Général de France à Tunis

sur les Cultures fruitières

ET EN PARTICULIER

sur la Culture de l'Olivier

DANS LE CENTRE DE LA TUNISIE

MONSIEUR LE RÉSIDENT GÉNÉRAL,

Le centre de la Tunisie présente un problème historique que l'archéologie n'a pu résoudre encore, dont je crois que la clef doit être demandée à l'agriculture, et à l'éclaircissement duquel la colonisation a le plus grand intérêt, car elle y trouvera des données certaines sur les moyens de rendre à la vie une région aujourd'hui inculte et déserte.

J'ai l'honneur de vous exposer les recherches que j'ai faites à ce sujet et les conclusions qu'elles m'ont inspirées.

I

Contraste entre l'état actuel du centre de la Tunisie et le grand nombre de ruines qu'on y rencontre. — Causes erronées auxquelles il a été attribué.

Si de Kairouan on se dirige soit vers Tébessa, soit vers Gafsa, soit vers Gabès, soit vers Sfax, le sol des plaines qu'on traverse est partout le même. C'est un sable rougeâtre, sec, d'apparence stérile, et sur lequel ne pousse, par touffes clairsemées, qu'une végétation rare et chétive. On est là au cœur de l'ancienne Byzacène, province qui a eu jadis une grande réputation de fertilité.

Au milieu de ces solitudes se dressent les ruines de villes de l'importance desquelles on peut se rendre compte avec assez d'exactitude par leurs monuments encore en partie debout et par leur assiette encore visible. Thysdrus, dont l'amphithéâtre, le cirque et le grand temple étaient colossaux, a dû avoir plus de cent mille habitants; Suffetula a dû en avoir vingt à vingt-cinq mille; Cillium, douze à quinze mille; et Thelepte, la plus grande ville de l'intérieur de la Tunisie ancienne après Thysdrus, cinquante à soixante mille. Outre ces grands centres, de gros bourgs comme Bararus, Masclianæ, Cilma, Nara, Menegere, Menegesem, Alonianum, pour ne parler que de l'intérieur, comptaient eux-mêmes plusieurs milliers d'habitants. [1] Et entre ces villes et ces bourgs, un grand nombre de villages et de fermes isolées, dont on rencontre les restes à chaque pas pour ainsi dire, couvraient la campagne.

Comment un pays aujourd'hui aussi aride a-t-il pu nourrir autrefois une population aussi dense? Quelles sont les causes qui en ont fait une solitude?

L'explication à laquelle les savants paraissent s'être définitivement arrêtés a été indiquée pour la première fois par Pellissier de Reynaud, dans son livre sur la Régence de Tunis publié en 1853. Pour lui, cette solitude vient de ce que « les pluies torrentielles ont dénudé le sol et mis le tuf à découvert partout ». [2]

M. Tissot a repris cette théorie dans son grand ouvrage sur la province romaine d'Afrique. Il dit, avec force, en décrivant la route de Djilma à Sbeïtla, que « la terre elle-même y a péri ». [3] Et, dans son chapitre sur

(1) Voir la carte jointe à ce rapport.
(2) *Description de la Régence de Tunis,* p. 124 et 125.
(3) *Géographie comparée de la province romaine d'Afrique,* tome II, p. 613.

le climat et le sol, ajoutant des arguments nouveaux à celui de Pellissier, il attribue en résumé la pauvreté actuelle de la Byzacène « à la stérilisation des terres fertiles par suite de leur abandon ; au déboisement et à la modification du régime des eaux, qui est la conséquence inévitable de celle du régime forestier ».[1]

Ce sont aussi les raisons qu'ont données, en dernier lieu, MM. Cagnat et Saladin dans le récit de leurs explorations scientifiques. En présence des grandes ruines de Thelepte, ils font les réflexions suivantes : « Avant que la conquête arabe eût déboisé et dépeuplé toute cette région, les voyageurs, au dire des historiens arabes, pouvaient aller de Tébessa à Gafsa toujours à l'ombre des forêts et des jardins. Alors, les pluies qui arrosaient le pays, au lieu de se réunir en torrents qui s'épuisent aussi vite qu'ils sont produits, formaient des rivières au cours plus régulier, retenues qu'elles étaient par le filtre naturel des forêts. Le déboisement a produit son œuvre de destruction ici comme dans le reste de la Régence. L'humus, qui n'est plus arrêté par les racines des plantes et des arbres, est rapidement lavé par les pluies et entraîné dans les vallées. »[2]

Ainsi : déboisement du pays, modification du régime des eaux, enlèvement de l'humus par les pluies hivernales, telles seraient les causes qui auraient dévasté cette terre.

Si c'était vrai, l'avenir de la moitié de la Régence semblerait bien compromis. Car, comment la reboiser ? Comment y modifier à nouveau le régime des eaux ? Et surtout, comment lui refaire de toutes pièces un sol cultivable ?

Heureusement, l'observation des lieux permet de ne pas tenir cette hypothèse pour définitive.

(1) *Géographie comparée de la province romaine d'Afrique,* tome I, p. 252.
(2) *Voyage en Tunisie ; Tour du Monde,* tome III, p. 215.

En ce qui concerne les forêts, on n'a pas assez remarqué que la Tunisie ne possède, à proprement parler, que deux arbres de haute futaie, le chêne-liège et le chêne-zéen, et que ces arbres, très exigeants quant à la composition du terrain, croissent bien dans les grès siliceux du nord et ne viendraient pas sur les montagnes calcaires du centre et du sud. On ne rencontre sur ces dernières que des essences de proportions modestes : le chêne vert, le pin d'Alep, le thuya et le genévrier de Phénicie, qui fournissent de grands arbrisseaux plutôt que des arbres, ne dépassent guère cinq à six mètres et forment très rarement des fourrés.

A moins de supposer l'existence dans l'antiquité d'autres espèces d'arbres disparues depuis, il faut donc reconnaître que c'est la nature même qui s'oppose à ce qu'il y ait jamais eu dans ce pays de hautes et épaisses forêts.

En ce qui concerne les eaux, il reste des témoins aussi précis et aussi certains que possible de ce qu'était leur régime dans l'antiquité. Ce sont les travaux de canalisation très apparents encore dans la plupart des ruines de villes. A Thelepte, à Cillium et à Suffetula, par exemple, la capacité de ces canalisations était calculée pour des volumes d'eau qui sont sensiblement les mêmes que ceux que les sources actuelles débitent encore. Quand les sources ont diminué ou disparu, c'est qu'elles sont aveuglées, comme on l'a vu à Gafsa et à Feriana, où des travaux les ont restaurées. L'eau est toujours dans le sol. On en peut conclure sans témérité qu'il n'y a point de différence notable entre la quantité de pluie qui tombait autrefois et celle qui tombe aujourd'hui dans cette région.

MM. Cagnat et Saladin ont cru que ces travaux de canalisation qu'on découvre en si grande quantité étaient un des facteurs de l'ancienne fertilité du sol. « On comprend, disent-ils, quand on rencontre ces travaux d'eaux de toute espèce, dont il ne reste plus aujourd'hui que les débris, comment ces contrées si fertiles jadis ne sont plus maintenant que de vastes étendues de terrain frappées de stérilité. Par suite de l'invasion vandale, les colons furent chassés, les fermes abandonnées ou brûlées; les aqueducs tombèrent d'eux-mêmes en ruines s'ils ne furent pas coupés par la main des hommes, et cette eau, qui donnait la vie aux habitants comme la fécondité au sol, se perdit avant d'arriver aux terrains qu'elle pouvait fertiliser. Dès lors, il n'y eut plus de moissons; il ne reste que des pâturages qui verdissent après les pluies d'hiver pour se sécher aux premières chaleurs. Mais le sol n'a pas perdu de sa force productrice et, du jour où les sources des montagnes seront utilisées avec méthode, le pays redeviendra ce qu'il était jadis, susceptible de culture et de prospérité. » [1]

Les restes des anciennes canalisations ne révèlent rien qui vienne à l'appui de cette opinion aujourd'hui très répandue. Les sources les plus abondantes sont, dans la partie de la Byzacène qui nous occupe, celles de Kasserine (Cillium), de Sbeïtla (Suffetula) et de Feriana (Thelepte). Les premières peuvent arroser six à sept cents hectares, les secondes cinq à six cents, les troisièmes quatre cents. Que sont ces superficies comparées à l'étendue du territoire? Si l'on totalisait le débit de toutes les sources et si l'on y ajoutait ce que fournissaient les barrages de dérivation qui paraissent avoir existé sur l'oued Bayach et sur l'oued Fekka, on verrait que toute cette eau suffirait à peine à l'irrigation de 7 à 8,000 hectares, dans un pays où 1,300,000 hectares au moins étaient mis en culture.

Les travaux d'eau, dans cette partie de la Tunisie du moins, n'avaient pour but que l'alimentation des lieux habités, et quelquefois, mais rarement, l'arrosage des

[1] *Voyage en Tunisie; Tour du Monde*, tome L, p. 389.

jardins qui les entouraient. S'ils y sont si multipliés, c'est que la nature n'y avait rien préparé pour l'homme qui a dû s'ingénier pour y assurer artificiellement sa boisson. Les cultures qui couvraient les campagnes étaient certainement des cultures non irriguées, des cultures de terre sèche.

En ce qui concerne le sol arable, les preuves abondent qu'il n'a point subi de modification depuis l'antiquité.

Tout d'abord, la supposition que l'abandon des cultures aurait livré l'humus aux dévastations des pluies hivernales est peu vraisemblable. Le contraire le serait bien davantage. On peut voir, en effet, dans les parties de la région cultivée encore aujourd'hui, aux environs de Sfax par exemple, les couches supérieures de ce sol sablonneux se désagréger complètement et devenir pulvérulentes quand elles sont ameublies par la charrue. Les agents atmosphériques, vent ou pluie, ont bien plus de prise sur elles dans ces conditions que dans les endroits incultes où elles restent tassées et couvertes de végétation. Si les racines des plantes les protègent, où les terres sont-elles plus protégées que là où elles sont envahies par la broussaille ?

D'autre part, si les pluies d'hiver avaient entraîné l'humus, cet humus se retrouverait quelque part. Il n'existe que deux rivières importantes dans le pays, l'oued Bayach et l'oued Fekka. Elles ne vont à la mer ni l'une ni l'autre. Or, en aucun endroit de leur cours on ne remarque les énormes alluvions qu'aurait constitué l'humus arraché à toute une province.

L'aspect des lieux ne décèle du reste aucune trace d'une semblable révolution. En un très grand nombre d'endroits, les plaines du centre de la Tunisie présentent au contraire des surfaces tellement régulières qu'on sent à les regarder qu'il a fallu des siècles de culture suivie pour les niveler d'une façon aussi parfaite. Les

laboureurs ont disparu un jour ; la broussaille s'est em-
parée d'elles, et elles n'ont plus changé depuis. Le sol
actuel est certainement le même que celui que culti-
vaient les habitants des villes et des nombreux villages
romains.

L'étude de l'histoire corrobore l'observation des lieux.
Il faut violenter les texes pour tirer des auteurs anciens
l'indication que les conditions agricoles d'autrefois dif-
féraient notablement de celles d'aujourd'hui.

Spartien [1], saint Cyprien [2], Victor de Vite [3] parlent
déjà des sécheresses de l'Afrique et des calamités
qu'elles causent. Corippe [4] décrit le sirocco comme on
pourrait le faire aujourd'hui.

Hérodote [5] est sans valeur pour les pays au delà du
lac Triton. Pour croire aux forêts qu'il y signale, il faudrait croire aux hommes sans tête dont il les peuple.

Les passages de Pline et de Juvénal, les inscriptions
mentionnant des *saltus,* les lois de Valentinien que cite
M. Tissot [6] se rapportent à des circonstances locales qui
n'impliquent nullement un boisement considérable du
pays. Les forêts de Tabarka, les forêts de cèdres de
Batna et de Teniet-el-Haad n'ont pas cessé d'exister ; on
pourrait encore constituer de nos jours, autour de Béja,
de Teboursouk et de Thala, des *saltus,* c'est-à-dire des
propriétés composées de pâturages et de bois ; les forêts
de la Kroumirie et de la Kabylie pourraient toujours
fournir des bois de charpente et de chauffage à Rome.
Tout cela n'empêche point que l'Afrique ne soit actuellement un pays peu boisé, et puisqu'on n'a pas d'autres

(1) *Vie d'Adrien,* xxi.
(2) *In Demetrianum.*
(3) *Histoire des Persécutions des Vandales,* liv. V, chap. xvii.
(4) *La Johannide,* liv. VI, vers 325 à 332.
(5) *Melpomène,* cxc.
(6) *Géographie comparée de la province romaine d'Afrique,*
tome I, p. 276 et 277.

faits à produire sur sa physionomie aux premiers siècles de l'occupation romaine, il est bien permis de dire que tout cela ne l'empêchait pas d'être également peu boisée à cette époque.

Le seul auteur qui se soit proposé de réunir en un tableau d'ensemble les traits caractéristiques de l'Afrique, Salluste, est sur tous ces points d'une netteté parfaite : « Le sol y est fertile en grains, dit-il, abondant en pâturages, infécond en arbres ; les pluies et les sources y sont rares. »[1] Salluste avait fait la campagne de Thapsus avec César, lequel tirait les bois de ses machines de Sicile, « parce qu'il n'y en avait point en Afrique »[2], et il fut ensuite gouverneur de la Numidie ; il connaissait donc mieux qu'aucun des écrivains qu'on lui oppose ce dont il parlait. Les renseignements topographiques locaux que le récit des campagnes contre Jugurtha l'amène à donner confirment sa description générale.

Il en est dans le nombre qui concernent spécialement le centre de la Tunisie et dont il est surprenant que personne n'ait fait ressortir l'intérêt. Ce sont ceux de la marche de Marius, des environs de Thala sur Capsa, la Gafsa d'aujourd'hui. « Les habitants de Capsa, dit-il, étaient protégés contre l'ennemi par leurs fortifications, leurs armes et le nombre de combattants, mais encore plus par d'affreux déserts. Car, excepté les environs de la ville, tout le reste de la contrée est inhabité, inculte, privé d'eau, infesté de serpents ».[3] Donc, rien qui ressemble au pays arrosé et vert qu'on imagine gratuitement. Point de forêts filtrant les pluies. Point de rivières à cours permanent non plus, comme l'ont supposé MM. Cagnat et Saladin ; le dernier point d'eau rencontré par Marius est à trois marches de la ville. Point de cultures ; Marius « avait à craindre la disette

(1) *Guerre de Jugurtha*, XVII.
(2) *Guerre d'Afrique*, XX.
(3) *Guerre de Jugurtha*, LXXXIX.

de grains, parce que les Numides aiment mieux mettre leurs terres en pâturages qu'en céréales. »[1] Enfin, point d'habitants sur la route ; l'armée romaine surprit la population à l'aube, au moment où elle sortait paisiblement pour aller à ses jardins.

En aucune autre partie de la Byzacène, le problème de son ancienne prospérité ne se pose d'une façon aussi saisissante que sur cette route de Thala à Gafsa ; quand on la parcourt aujourd'hui, le signalement qu'en donne Salluste paraît encore de la plus exacte vérité. Le pays y est, comme de son temps, inculte, desséché, inhabité, affreux. Et cependant, sur cette même route, se trouvent les ruines des villes de Cillium et de Thelepte et de nombreuses ruines de villages et de fermes. Entre la solitude traversée par Marius et la solitude que l'on traverse de nouveau aujourd'hui, s'est intercalée une période de culture active et de très grande prospérité. El Bekri, qui en a vu les derniers moments au onzième siècle, pouvait encore faire de la région de Gafsa cette description si différente de celle de Salluste : « Dans les environs de la ville, on compte plus de deux cents bourgades florissantes, bien peuplées et arrosées par les eaux tant à l'intérieur qu'à l'extérieur. On désigne ces villages sous le nom de Ksour-Gafsa : les bourgades de Gafsa. Les impôts de Gafsa rapportent 50,000 dinars (environ 500,000 francs). Parmi ces bourgades, on remarque celle de Torac, située à moitié chemin entre Gafsa et Fedj-el-Himmar (ce sont probablement les ruines qu'on remarque actuellement près de Merethâh). Torac est grande et très peuplée ; elle possède un djamé (mosquée avec minaret) et un bazar bien monté. On y récolte beaucoup de pistaches. »[2]

Comment cette solitude a-t-elle donc été vivifiée et

(1) *Guerre de Jugurtha,* xc.
(2) Traduction de Slane, p. 114 et 115.

comment a-t-elle pu se couvrir ainsi un moment d'habitants ?

A en juger par le caractère des monuments publics les plus fréquents parmi les ruines, sa mise en valeur s'est achevée vers l'époque où le christianisme a été reconnu comme religion officielle de l'empire. Est-il à présumer que, pendant les quatre siècles qui séparent cette époque du temps de Salluste, les forêts ont poussé, les pluies sont devenues abondantes et les rivières se sont mises à couler ? Si l'on songe que cela supposerait non pas une, mais deux transformations du climat et du sol, une première transformation pour passer du désert aride de Marius à la fertilité de l'époque chrétienne, et une seconde transformation pour revenir de la fertilité de l'époque chrétienne au désert aride d'aujourd'hui, on n'osera plus se contenter de cette hypothèse.

II

Direction dans laquelle doit être cherchée la vérité. — Les cultures fruitières couvraient autrefois le centre de la Tunisie. — Preuves tirées de l'observation des lieux.

L'antiquité a fait à l'Afrique une réputation exceptionnelle comme productrice de céréales. Cette réputation a trompé sur le centre de la Tunisie. On l'a étudié avec cette idée préconçue que l'économie rurale en devait reposer jadis sur la production des céréales, et comme on n'y retrouvait plus les conditions agricoles nécessaires à leur culture, on en a déduit que le sol et le climat en ont changé.

Il faut, je crois, faire le contraire. Au lieu de partir

d'une hypothèse, il faut s'en tenir aux conditions agricoles actuelles, prendre le centre de la Tunisie tel que nous le voyons, et examiner à quelles cultures il est propre. Ces cultures sont-elles assez riches pour pouvoir entretenir une population nombreuse, et peut-on s'assurer par surcroît qu'elles y ont été pratiquées autrefois sur une grande échelle? Le problème sera résolu; on aura pénétré le secret de la colonisation romaine dans cette région.

Si d'Hammamet à Tébessa on tire à travers la Tunisie une ligne passant par le pied des plateaux, [1] le pays qu'elle laisse au sud est constitué dans les plaines et dans les vallées par des terrains d'origine quaternaire d'une composition remarquablement uniforme. Sauf en quelques endroits rares et peu étendus, le sable y domine, la chaux y est en fortes proportions. Ce sol léger, fréquemment teinté de rouge par l'oxyde de fer, est ordinairement de l'aspect le plus maigre. L'analyse ne dément pas cette première impression; la potasse y est abondante comme dans la plupart des terres de la Tunisie, mais l'humus, l'azote, l'acide phosphorique sont partout en faibles quantités.

Quelles sont les causes qui remédient à cette pauvreté apparente? Il faudra pour les découvrir des observations suivies sur la végétation et une étude approfondie du sous-sol qui demanderont du temps. Pour le moment, ce qui est certain, c'est que lorsque les pluies les arrosent suffisamment, ces terres se comportent comme des terres parfaitement fertiles. On y fait de très belles moissons.

Dans le contrôle de Sousse, ces moissons sont assez régulières. Dans le contrôle de Sfax, les pluies étant plus rares, elles deviennent beaucoup plus incertaines, il n'y faut compter qu'une année sur trois. Dans les territoires de l'intérieur, elles ne reviennent plus qu'une

____

(1) Voir la carte jointe à ce rapport.

fois tous les quatre ou cinq ans. Déjà au douzième siècle, El Edrisi constatait que les habitants du Gamouda ne produisaient pas assez de blé pour leur consommation : ils devaient en tirer du dehors. [1]

Il y a deux premières conclusions à tirer de ces faits.

L'une, c'est que quand il est imprégné d'assez d'eau, le sol du centre de la Tunisie est beaucoup meilleur que les apparences ne le feraient croire.

L'autre, c'est que si le contrôle de Sfax et les territoires de l'intérieur ont été autrefois couverts de villes et de villages, ce n'est pas la culture des céréales qui peut en donner la raison. Le manque d'eau l'y rend trop aléatoire.

Ce sol léger est très perméable ; on y voit peu d'oueds ; aussitôt tombée, la pluie est absorbée. Le pays étant généralement plat, l'eau ainsi emmagasinée par le sable y demeure. Sous une surface grillée par le soleil et complètement aride, le sous-sol reste frais. Dans des expériences faites par le contrôleur civil de Sfax pour reconnaître quelle était la quantité d'eau tenue en suspens par la terre, quand la couche superficielle donnait 0 et qu'à vingt centimètres il obtenait 6 comme proportion, à cinquante centimètres il obtenait 10 et à un mètre, 14. Ainsi, l'eau ne manque point ; elle est en réserve dans les couches inférieures.

Une troisième conclusion s'impose donc ici : c'est que les cultures auxquelles ce pays est propre sont celles dont les racines sont assez développées pour aller chercher cette humidité souterraine. Ces cultures ne peuvent être que des cultures fruitières, des cultures d'arbres et d'arbustes.

On en a la démonstration dans les jardins de Sfax.

---

(1) Traduction Dozy et de Goeje, p. 122. C'est par une inattention des traducteurs que le Gamouda est placé au sud-ouest de Gafsa. Le texte arabe joint à leur traduction porte correctement le Nord-ouest.

Le même sol reste stérile ou se couvre d'une végétation vigoureuse et de fruits abondants, selon qu'on y sème des céréales dont les racines, ne dépassant pas la couche superficielle, s'étiolent dans les sécheresses, ou qu'on y plante des arbres dont les racines s'enfoncent profondément en terre. Toutes les espèces fruitières qui se plaisent dans les climats secs réussissent dans ces jardins et réussiraient dans les autres parties du centre de la Tunisie, puisque le climat et le sol y sont semblables. L'olivier y est plus beau et plus productif qu'en aucun autre endroit de la Méditerranée ; la vigne, l'amandier, le figuier, le pistachier, le caroubier, le grenadier, le prunier, le pêcher et l'abricotier, même le poirier et le pommier, y donnent, sans arrosage, en grande quantité des fruits très sains dont la saveur est renommée parmi les Arabes. Et à quoi les Sfaxiens attribuent-ils cette qualité supérieure de leurs fruits ? Justement à ce qu'ils sont des fruits de terre sèche, poussés avec le moins d'eau possible.

On est de la sorte conduit à une dernière conclusion. C'est que si les Romains ont colonisé le centre de la Tunisie, ce n'a pu être qu'au moyen des cultures fruitières. En exceptant le contrôle de Sousse, ce sont en effet les seules qui y donnent des récoltes sûres, régulières et rémunératrices.

Lorsqu'après avoir tiré cette conviction de l'examen des conditions agricoles actuelles, on interroge les vestiges de l'antiquité restés sur les lieux et l'histoire, tout vient la confirmer.

Les lieux parlent, pour ainsi dire. D'El-Djem à l'oued Rann, sur une profondeur de plus de 100 kilomètres en passant par les territoires des Metellit, des Neffat et des Mahedba, les débris d'une ancienne forêt d'oliviers sont partout visibles. Des arbres, tantôt réunis par petits groupes, tantôt dispersés un à un, ont survécu à l'abandon et aux destructions systématiques. Privés de soins depuis l'invasion arabe, défigurés par les rejetons parasites, mutilés par la dent des chameaux, ils durent; et, dans les années pluvieuses, ils donnent des olives. Après huit siècles d'abandon, leur récolte s'est encore vendue 170,388 fr. 60 en 1890, année de grandes pluies. Ces arbres ne sont pas des oliviers sauvages, des *zeboudj,* comme disent les Arabes; ce sont des *zeïtoun,* des oliviers de l'espèce cultivée. Ils proviennent de plantations qui formaient évidemment autrefois dans cette région une forêt continue.

A mesure qu'on s'avance vers la frontière algérienne, ces débris deviennent plus rares; puis ils disparaissent. Le bois d'oliviers du Gamouda paraît être le dernier qui ait survécu dans cette direction.

D'autres signes révèlent alors que la forêt romaine se continuait indéfiniment : ce sont les restes des huileries. La présence de nombreux gisements de beau calcaire disposé par grands bancs faciles à débiter avait porté les habitants de la partie orientale de la Byzacène à faire en pierre des constructions que les habitants de la partie occidentale faisaient probablement en bois. C'est ce qui explique que ce genre de témoignage, inconnu aux environs de Sfax, devienne si commun quand on a passé le djebel Artsouna. Les cuves de pierre où l'on dépulpait les olives, les montants en pierre entre lesquels s'insérait la barre du pressoir, les tables de pierre à rainure carrée ou circulaire sur lesquelles les olives étaient pressées, sont restés en place. Tous les voyageurs sont frappés de l'extraordinaire quantité de ces ruines, et il n'y a point d'exagération à dire, avec M. Tissot, qu'en certains endroits elles paraissent innombrables. [1] Pour mon compte, sans quitter la piste de trente-quatre kilomètres qui va de Kasserine à Sbeïtla, j'ai compté trente-deux établissements encore

(1) *Géographie comparée de la province romaine d'Afrique,* tome I, p. 293.

apparents, la plupart avec plusieurs moulins et des bâ-
timents de ferme, quelques-uns au milieu d'un petit
hameau.

A voir ces huileries si rapprochées les unes des autres, on ne saurait douter que la culture de l'olivier n'ait
été prédominante autour d'elles. On se représente ce
que devait être l'intérieur de la Byzacène au temps de
ces plantations par ce qu'est actuellement le Sahel de
Sousse : un prodigieux verger, dix fois plus étendu et
beaucoup plus animé que le Sahel de Sousse, à cause
de ces huileries qui, au lieu d'être rassemblées dans
les villes, étaient dispersées dans la campagne, qu'elles
peuplaient de leurs constructions.

III

*Les cultures arborescentes couvraient autrefois le centre
de la Tunisie. — Preuves tirées de l'histoire.*

Soit que les œuvres de ceux qui en avaient parlé aient
péri, soit que le fait leur ait échappé, les auteurs anciens
nous apprennent peu de chose relativement à la colonisation de l'intérieur de la Byzacène par les Romains. On
en est réduit, chez eux, à de rares indications indirectes.
Heureusement, les auteurs arabes suppléent abondamment à cette lacune.

On suppose que l'olivier a été apporté d'Asie en Afrique par les colonies phéniciennes. [1] La culture en est
restée longtemps confinée sur la côte. Il ressort du récit des opérations de César que, sur la côte même, elle
n'avait point à son époque l'importance qu'elle a prise
plus tard. Entre Monastir et Sousse, où il livra une pre-

(1) Reynier : *Economie publique et rurale des Carthaginois*
p. 488.

micre bataille, le pays qui devait se planter un jour d'oliviers était découvert. [1] Thysdrus n'était encore qu'une
petite ville, occupée au commerce du blé. [2]

Pas plus dans cette guerre civile que précédemment
dans les guerres puniques, on ne voit l'intérieur de la
Byzacène jouer un rôle. Il n'est pas né, pour ainsi dire.
Suffetula et Thelepte n'étaient alors probablement pas
même fondées.

Un siècle après César, l'unique affaire de l'Afrique est
toujours le blé; Pline ne parle de l'huile que comme
d'une production accessoire. [3] Dans sa liste de villes,
la plus éloignée dans l'intérieur est Cilma; aucun centre ne méritait encore d'être mentionné au delà. Cependant, le sud était pacifié; Tibère y avait fait construire
des routes; c'est vers ce temps que l'on dut s'apercevoir
du parti que l'olivier permettait de tirer d'un pays jusqu'alors inhabité. Des relations sûres et régulières
étaient établies entre l'Afrique et l'Italie. Après la culture des céréales, les Romains avaient abandonné la
culture des oliviers; ils devaient demander leur huile
aux provinces. Ainsi, double raison pour la mise en valeur de l'intérieur de la Byzacène : d'une part, un sol et
un climat particulièrement propres à la culture de l'olivier, et d'autre part un marché immense pour l'huile.
Aussi, un siècle encore, et l'on trouve le pays colonisé
et déjà assez prospère pour que de tous côtés s'élèvent
dans les centres de population qui s'y sont formés des
monuments considérables dédiés aux Antonins et aux
Sévères.

A partir de ce moment, un déplacement est sensible
dans l'équilibre des intérêts en Afrique. La région de
l'huile commence à peser dans la balance politique.

(1) *Guerre d'Afrique,* xxxvii.
(2) Id., xxxvi, xcvii.
(3) *Histoire naturelle,* liv. XV, chap. iii

Thysdrus grandit au point de se sentir de taille à faire un empereur : elle proclame Gordien en 236.

Au cinquième siècle, Ethicus inscrit sur ses listes, à côté des vieilles villes de la côte, les villes de l'intérieur récemment créées, inconnues aux anciens géographes : Suffetula, Cillium, Thelepte. [1]

Au septième siècle, l'intérieur de la Byzacène, en dépit de deux siècles de troubles, est encore assez peuplé, assez fort pour qu'il ose se détacher de Carthage et de l'empire Byzantin. Grégoire y forme un royaume éphémère, avec Suffetula pour capitale.

D'où vint cette fortune ? Nul doute que ce fût de l'olivier et des cultures fruitières. Quand Corippe, au sixième siècle, chantant les exploits du patrice Jean, le fait battre au milieu des forêts, il exprime une réalité. Le centre de la Tunisie s'était couvert d'arbres, en effet ; et quand ils arrivent, un siècle après, les Arabes sont émerveillés de tant de verdure ; ils appellent l'Afrique *El-Khadra,* la verte. Dans le pays où Salluste n'avait vu qu'un désert, ils trouvent une forêt ; mais quelle forêt ? Une forêt d'arbres fruitiers « avec cent mille villes. » [2] Ce mot forêt appliqué par les auteurs musulmans aux plantations d'oliviers et d'arbres fruitiers paraît avoir beaucoup contribué à répandre l'opinion que l'Afrique était beaucoup plus boisée dans l'antiquité qu'aujourd'hui. On n'a point remarqué que les textes arabes s'appliquent à une époque éloignée de sept siècles de la description de Salluste, et qu'ils parlent de vergers créés temporairement par l'homme, non de forêts sauvages entretenues par la nature.

Les historiens Abd er Rahmane ibn Saïd ibn As-

(1) *Cosmographie.* Edition Panckouke, p. 48.

(2) Ibn Chabat, cité par A. Rousseau, en note de la traduction du cheikh Et Tidjani, p. 69. — Mohamed ben Ali, cité par Moula Ahmed ; traduction Berbrugger, *Exploration scientifique de l'Algérie,* tome ix, p. 238.

sam [1], Ibn Chabat [2], En Noueïri [3], Ibn Khaldoun [4], El Kairouani [5] répètent tous le même renseignement. C'est que, quand les premiers conquérants arabes arrivèrent, « on pouvait, de Tripoli à Tanger, cheminer à l'ombre à travers une ligne ininterrompue de villages ». Etait-ce vrai de la frontière algérienne à Tanger ? C'est à d'autres à en faire la recherche. Mais c'était certainement vrai de Tripoli à la frontière algérienne quand, après avoir suivi la côte jusqu'à Sfax, on allait de cette ville à Sbeïtla et à Tébessa; car, je l'ai dit plus haut, ce tableau d'un verger continu parsemé d'habitations est celui que suggère encore aujourd'hui la vue des ruines si nombreuses qui subsistent dans cette partie de l'Afrique. Er Reschati, cité par Et Tidjani [6], ajoute ce détail particulier pour la région comprise entre El-Djem (Thysdrus) et Sfax, qu'« elle avait été appelée *Sahel,* non pas dans le sens ordinaire du mot, qui veut dire côte, mais à cause de la teinte sombre produite par la prodigieuse quantité d'arbres fruitiers et de vignes de la contrée ».

Ces premiers conquérants battirent et tuèrent Grégoire; ils pillèrent Suffetula. Le butin qu'ils avaient amassé passa en légende parmi les Arabes. Ibn Abd el Hakem rapporte que le chef de l'armée eut la curiosité de s'enquérir d'où provenaient tant de richesses. « Voyant les pièces monnayées qu'on avait mises en tas devant lui, Abd Allah ibn Saad ibn Ali Serh demanda d'où cet argent était venu; et l'un d'eux se mit à aller

---

(1) Cité par El Kairouani, traduction Pellissier, p. 25. — Cité par En Noueïri, appendice à la traduction de l'*Histoire des Berbères,* par de Slane, tome I, p. 341.

(2) Cité par A Rousseau, traduction du cheikh Et Tidjani, p. 65.

(3) Appendice à la traduction de l'*Histoire des Berbères,* par de Slane, tome I, p. 341.

(4) *Histoire des Berbères,* traduction de Slane, tome I, p. 214.

(5) *Histoire de l'Afrique,* traduction Pellissier, p. 25 et 54.

(6) Traduction A. Rousseau, p. 68.

de côté et d'autre, comme s'il cherchait quelque chose, et, ayant trouvé une olive, il l'apporta à Abd Allah et lui dit : C'est avec ceci que nous nous procurons de l'argent. — Comment cela? dit Abd Allah. — Les Byzantins, répondit cet homme, n'ont pas d'olives chez eux, et ils viennent chez nous acheter de l'huile avec cette pièce de monnaie. » [1]

Mis subitement en possession d'un immense empire, les musulmans sentirent fortement le besoin de s'informer sur tant de pays nouveaux : les itinéraires, les récits de voyage, les géographies se multiplièrent parmi eux. Cette source de renseignements s'ajoutant aux historiens permet de suivre chronologiquement la décadence de la forêt d'arbres fruitiers du centre de la Tunisie.

La destruction commença vers la sixième invasion arabe (693-694). Les deux siècles de troubles qui suivirent l'invasion des Vandales avaient dû être funestes à la culture de l'olivier. Le centre de la Tunisie produisant presque exclusivement de l'huile, avait besoin des marchés de Rome et de Constantinople pour l'écouler. Or, combien de fois la route de ces marchés n'avait-elle pas été coupée dans cette période? Les cultivateurs paraissent avoir cherché des compensations du côté de l'élevage. On ne s'explique que par cette hypothèse la réapparition d'une population indigène pastorale qu'on aurait cru absorbée par la colonisation romaine pendant les siècles précédents. Cette population, dégoûtée des cultures fruitières, se résigna à un acte de désespoir inouï. Lors de cette sixième invasion, elle avait pour chef une femme que les historiens arabes appellent la Kahena, la devineresse. En Noueïri raconte [2] que « quand elle vit les Arabes revenir, la Kahena dit à son

____

(1) Ibn Abd el Hakem, traduit par de Slane; en appendice à *l'Histoire des Berbères,* tome I, p. 306.

(2) Traduit par de Slane en appendice à *l'Histoire des Berbères,* tome I, p. 340.

peuple : « Les Arabes veulent s'emparer des villes, de
« l'or et de l'argent, tandis que nous, nous ne désirons
« posséder que des champs pour la culture et le pâtu-
« rage. Je pense donc qu'il n'y a qu'un plan à suivre :
« c'est de ruiner le pays afin de les décourager. » Elle
envoya donc ses partisans partout afin de renverser les
villes, démolir les châteaux-forts, couper les arbres (El
Kairouani [1] dit les oliviers et les autres arbres ; Moula
Ahmed [2] dit plus explicitement encore les oliviers et
les autres arbres fruitiers) et enlever les biens des habitants. Abd er Rahmane ibn Saïd ibn Assam rapporte
que le pays, depuis Tripoli jusqu'à Tanger, n'était qu'un
seul bocage et une succession continuelle de villages, et
que tout fut détruit par cette femme. »

Le désastre ne fut pas aussi général que le donne-
raient à croire ces auteurs. La Kahena résidait dans
l'Aurès ; c'est sur le territoire qui avoisine ces montagnes, la région de Suffetula, de Cillium et de Thelepte,
qu'ont sévi sans doute ses dévastations, car désormais
on n'en entend plus parler dans l'histoire : elle dispa-
raît sans faire plus de bruit que n'en avait fait son en-
trée dans le monde.

Mais on a la preuve, dans Et Tidjani, [3] que la forêt ne
souffrit point entre Sfax et El-Djem, et, dans El Bekri,
que le pays traversé par la route de Gafsa à Kairouan
resta, jusqu'au onzième siècle, couvert d'immenses vergers et de nombreux villages. J'ai déjà cité la description
que ce dernier a laissée des environs de Gafsa. Voici celle
qu'il fait de la route de Gafsa à Kairouan.

Après avoir franchi le Feidj-el-Himmar, dit-il, le
voyageur « traverse El-Herouïa, dernier village du canton de Gamouda ; puis il se rend à Medkoud, métropole
de ce territoire.

(1) Traduction Pellissier, p. 26.
(2) Traduction Berbrugger, *Exploration scientifique de l'Algérie*, tome IX, p. 237.
(3) Traduction A. Rousseau, p. 68.

« Dans la ville de Medkoud, on voit un djamé, quelques bains, quelques bazars, un grand nombre de mosquées et des caravansérails en quantité. Dans les alentours on remarque une grande variété d'arbres à fruits et beaucoup de figuiers. Les figues de ce canton surpassent en bonté celles des autres provinces de l'Ifrikya. Medkoud est entourée d'une forêt de figuiers qui la cache entièrement à la vue, en sorte qu'on ne l'aperçoit qu'au moment d'y arriver.

« De Medkoud, on se rend à Djemounès-es-Saboun, grand bourg qui renferme une population considérable. Situé sur le premier gradin d'une montagne, il est entouré de sable et d'oliviers. Cette place a dans ses dépendances beaucoup de villages très peuplés qui jouissent d'une grande prospérité.

« Parti de cet endroit on arrive à Medjdoul, bourg grand et bien peuplé, dont la description rappellerait celle du précédent. Il possède un étang appelé Bahira-Medjdoul.

« De là, on se rend à Beni-Dcam, bourgade grande et florissante, et de là à Kairouan. » [1]

De tout cela, il ne reste aujourd'hui qu'un petit bois d'oliviers près de l'emplacement probable de Djemounès-es-Saboun et l'étang au bord duquel Medjdoul était bâtie et qui porte toujours son nom. El Bekri écrivait en 1060, mais sur des renseignements recueillis quelques années auparavant. Au moment où il les rédigeait, quelques-uns appartenaient probablement déjà au passé. L'Afrique venait d'entrer dans la période des plus grandes ruines qu'elle ait jamais subies. Jusque-là, les armées arabes, peu nombreuses comparées aux habitants, s'établissaient dans les villes, adoptaient la vie citadine et ne changeaient rien aux mœurs agricoles locales. En 1048, ce fut tout un peuple, plus de deux cent mille individus, assure-t-on, qui émigra vers le

______

(1) Traduction de Slane, p. 176 et 177.

Maghreb et fit irruption en Tunisie. Cette énorme masse de Bédouins, au rebours des invasions précédentes, ne se fondit point dans la population indigène et conserva ses goûts nomades. Accoutumée au désert, elle s'appliqua à le refaire partout sur son passage ; elle détruisit avec une fureur systématique tous les éléments de la vie sédentaire qui faisaient obstacle à son existence pastorale. Le savant et paisible citadin Ibn Khaldoun parle d'eux avec horreur. Il les montre abattant les maisons, coupant les arbres, comblant même les puits et dépeuplant la campagne par l'épouvante. [1]

Alors périrent les parties de la forêt qui avaient échappé aux ravages de la Kahena. Et Tidjani précise que ces terribles dévastateurs ne laissèrent pas un olivier dans les environs immédiats de Sfax. [2] De plus, ils altérèrent la symétrie et dévastèrent les arbres des plantations entre Sfax et El-Djem. [3] Celles-ci cessèrent désormais d'être cultivées régulièrement. Bien qu'aucun auteur ne le dise expressément, c'est certainement durant les affreux et longs désordres qui suivirent l'invasion de 1048 que périrent également les derniers vergers de l'intérieur. En 1154, El Edrisi parle encore du Gamouda ; [4] mais, comparée à celle d'El Bekri, sa description indique une grande diminution de population. Après El Edrisi, le silence se fait sur ce pays. [5]

Une révolution agricole radicale est impliquée dans le fait rapporté par Ibn Khaldoun : « Les Arabes se ren-

(1) *Histoire des Berbères,* traduction de Slane, tome I, p. 35, 36 et suivantes.
(2) Traduction A. Rousseau, p. 72.
(3) Traduction A. Rousseau, p. 68.
(4) Traduction Dozy et de Goeje, p. 122 et 123.
(5) Mais la tradition d'un pays très habité et couvert d'arbres fruitiers est restée très vivante parmi les lettrés arabes. Mouley Ahmed, notant en 1710 ce qu'il savait de Sidi Okba, dont il allait visiter le tombeau, écrit : « Celui qui examine la quantité de villes et de châteaux ruinés qu'il y a en Afrikia et qui les suppose habités, éprouve un grand étonnement. Il en conclut nécessairement que la popu-

dirent maîtres de tout le pays ouvert. Les Berbères purent conclure la paix avec eux, mais sous la dure condition de leur céder les campagnes et de ne garder pour eux que les villes. » [1] De toutes les cultures fruitières qui avaient pendant une dizaine de siècles donné la vie au centre de la Tunisie, de la mer à la frontière algérienne, il ne subsista plus que les plantations du Sahel entre Sousse et Mahedia. Dans le reste du pays, les Ouled-Saïd, les Zlass, les Madjer les Hamema, les Metellit, les Frechich, les Ouled-Debab, pasteurs ayant l'horreur instinctive des habitations sédentaires, se substituèrent complètement aux cultivateurs d'arbres qui construisaient des maisons. La forêt qui avait autrefois pris la place du pâturage fut remplacée par le pâturage à son tour. Sur cette terre où les villages s'étaient touchés, quelques misérables tentes suffirent désormais à abriter une population extrêmement clairsemée, adonnée à une existence d'agression dont Ibn Khaldoun faisait, au quinzième siècle, cette peinture restée vraie jusqu'au moment de l'occupation française : « De la campagne, les Arabes ont continué à opprimer les populations, à piller les voyageurs et à tourmenter le pays par leur esprit de rapine et de brigandage. » [2]

Même après douze ans de protectorat et de paix, l'esprit nomade est resté impérieux parmi ces anciens pillards. Les gens riches qui apprécient la douceur du confortable n'osent pas encore s'y construire des maisons, de peur de s'attirer le mépris de leur tribu.

lation a dû être considérable jadis. Si on examine aussi les arbres de ce pays, on voit qu'ils ont été plantés par la main des hommes et ne sont pas, comme ailleurs, un produit spontané de la nature. Les térébinthes, si nombreux en Afrikia, étaient autrefois des pistachiers ; mais, n'étant plus cultivés, ils ont dégénéré à la longue. On n'a qu'à goûter les baies vertes du térébinthe, on y reconnaît un goût de pistache. » (Traduction Berbrugger, p. 238.)

(1) *Histoire des Berbères,* traduction de Slane, p. 45.
(2) Id., p. 44.

IV

Secret de la colonisation romaine.
Possibilité de la recommencer.

La cause des contrastes d'extrême prospérité et d'extrême misère que présente l'histoire du centre de la Tunisie n'est donc pas douteuse.

Point n'est besoin pour les expliquer de supposer des modifications de sol et de climat que l'examen des lieux dément. La vérité est bien plus simple. Le pays est exceptionnellement doué pour une sorte de culture et n'est doué que pour cette sorte de culture. Avant l'occupation romaine, cette culture y était inconnue, et il était désert. Les Romains y introduisirent cette culture vers la fin du premier siècle, et il devint très riche. Les Arabes y ont détruit cette culture au onzième siècle, et il est redevenu désert.

Cette histoire qui tient en quelques lignes se dévoile si nettement sur les lieux qu'il n'y a point de témérité à chiffrer approximativement et les résultats de la colonisation romaine et la grandeur des catastrophes qui les ont anéantis. 1,300,000 hectares environ sont propres aux cultures fruitières dans le centre de la Tunisie. Abandonnés au pâturage, ils valent 10 francs l'hectare; plantés en oliviers, ils en valent plus de 800. Ainsi, en appliquant ces estimations à l'antiquité, la colonisation romaine avait fait passer le pays d'un état où ses campagnes valaient 13 millions, à un état où elles valaient plus d'un milliard. Et l'invasion arabe l'a ramené d'un état où ses campagnes valaient plus d'un milliard à un état où elles ne valent plus que 13 millions.

Ces faits étant constatés, l'œuvre de réparation que l'Administration du Protectorat a entreprise dans la Régence se trouve, pour cette région, tracée aussi clairement que l'on peut le souhaiter.

Il n'y a qu'à refaire ce que la colonisation romaine y avait fait.

Du moment que ni le sol ni le climat n'en ont changé notablement, aucune difficulté insurmontable ne s'oppose à ce qu'on entreprenne une troisième transformation de ce pays pour le ramener à un état de culture qu'il a déjà connu une fois.

On peut même déterminer à l'avance le périmètre dans lequel cette transformation sera tentée utilement. [1] Il est marqué, de Kairouan à la frontière algérienne, par la limite des terrains quaternaires, laquelle suit très exactement le pied des plateaux; il est indiqué de l'autre côté par les points extrêmes atteints par les plantations romaines et dont les traces sont facilement reconnaissables. Ces points forment une ligne qui, partant de la frontière algérienne et longeant le djebel Serraguïa, passe près de Gafsa, et se dirige vers la mer en suivant les montagnes du Maknassi et du Bou-Hedma, pour aboutir à l'embouchure de l'oued Rann. Au nord de ce périmètre, la nature du sol se modifie et les pluies deviennent assez abondantes pour que les cultures fruitières ne s'imposent plus exclusivement. Au sud, au contraire, la nature du sol reste la même, mais les pluies deviennent trop rares; l'olivier y croît toujours et très bien, mais il n'y donne plus de récoltes régulières. Les cultures en terre sèche doivent cesser. Il n'y a plus de possible dans ces régions extrêmes que les cultures irriguées des oasis.

Toutefois, une exception doit être faite pour le littoral. Le voisinage de la mer y attire assez de pluies pour que la culture de l'olivier y reste possible. Gigthis, Zita, Sabrata, Œa, Leptis étaient des villes importantes, vivant du commerce de l'huile. Cette région, comme les autres, a été dévastée par l'invasion arabe. « Toutes ces stations, dit El Edrisi en parlant des lieux entre Tripoli

(1) Voir la carte jointe à ce rapport.

et Gabès, sont désertes à la suite des dévastations com-
mises par les Arabes; il ne subsiste plus de traces des
anciennes habitations; les biens de la terre, la population, tout a disparu; le pays est abandonné à des tribus
d'Arabes dites Mirdas et Riyah. » [1]

V

*La reconstitution de l'ancienne forêt est déjà commencée
autour de Sfax*

Que le centre de la Tunisie ait dû jadis sa prospérité
aux cultures fruitières, on le tiendra pour démontré,
sans doute. Mais qu'il y soit propre encore, cela deman-
dait à être expérimenté pratiquement. L'agriculture, en
effet, ne saurait se contenter des données de l'érudition.
Cette expérience est faite.

La reconstitution de l'ancienne forêt est commencée,
et ce commencement provoque dès maintenant l'admi-
ration de tous les visiteurs de Sfax par les proportions
exceptionnelles des oliviers, qui y atteignent les dimensions d'un noyer de moyenne grandeur.

Le cas de cette ville est, en abrégé, celui de tout le
centre de la Tunisie. Son sort est étroitement lié à la
culture de l'olivier. Cette culture est-elle florissante? La
ville est florissante. Cette culture décline-t-elle? La ville
décline aussi. Au onzième siècle, El Bekri la représente
comme entourée d'une belle forêt d'oliviers. [2] Aussi,

(1) Traduction Dozy et de Goeje, p. 142.
(2) Traduction de Slane, p. 50. C'est certainement par erreur que
cette traduction parle d'une forêt de palmiers, qui n'aurait pas pu
donner de fruits sous la latitude de Sfax. Le contexte indique
clairement que l'auteur parle d'une forêt d'oliviers. Il n'y a point
de texte arabe d'El Bekri à Tunis, et je n'ai pu faire vérifier si
l'erreur provient du traducteur ou des copies qu'il a employées.

est-elle prospère. « Les négociants y arrivent de tous côtés avec de fortes sommes d'argent qu'ils emploient à l'achat d'huiles et d'autres marchandises.» Cette huile est exportée « en Egypte, au Maghreb, en Sicile et au pays de Roum ». Un siècle plus tard, El Edrisi dit[1] que « la principale production du pays de Sfax consiste en olives : on y récolte une quantité d'huile comme nulle part ailleurs; en somme, c'est un des lieux les plus considérables ». En 1306, Et Tidjani l'appelle encore une ville de premier ordre. [2] Elle déclinait cependant. Déjà pour El Edrisi, « bien qu'elle fût encore très peuplée, sa prospérité n'était plus celle d'autrefois». C'est que l'invasion de 1046 avait complètement rasé la partie de la forêt qui touchait à ses murs, et elle avait dévasté le reste. Quoique très maltraitées, les vastes plantations qui s'étendaient jusqu'à El-Djem avaient continué à produire, mais elles dépérissaient de jour en jour. Au seizième siècle, Léon l'Africain [3] trouva la ville en pleine décadence, n'ayant plus que trois à quatre cents feux. Les habitants tissent, pêchent, font un peu de commerce au loin. Il n'est plus question ni d'oliviers ni d'huile. En 1724, quand Peyssonnel[4] la visite, ce n'est toujours qu'une petite ville. En 1784, Desfontaines[5] la trouve grandie sous une bonne administration, ayant refait ses jardins et ayant repris le commerce de l'huile. Cependant, il ne mentionne point d'olivettes proprement dites autour de la ville. En 1853, Pellissier[6] ne donne encore à Sfax et à sa banlieue que 13,000 habitants. D'après les évaluations de la municipalité, elle en a 43,500 aujourd'hui.

(1) Traduction Dozy et de Goeje, p. 126.
(2) Traduction Rousseau, p. 71.
(3) Traduction de Jean Temporal, réédition de 1830, tome II, p. 59.
(4) *Relation du voyage de Peyssonnel,* p. 110.
(5) *Relation du voyage de Desfontaines,* p. 123 et suivantes.
(6) *Description de la Régence de Tunis,* p. 108.

En quarante ans, la population a plus que triplé. Aucune autre ville de la Tunisie n'offre un exemple, approchant même de très loin, d'un développement aussi rapide. A quoi tient-il? A ce fait, que la ville de Sfax s'est mise à reconstituer son ancienne forêt.

L'époque où l'on a commencé les plantations a laissé un souvenir assez précis dans la mémoire des Sfaxiens. Elle se place entre 1800 et 1810. On planta d'abord très peu et mal, sans ordre, à distance trop faible, suivant les mauvaises méthodes en usage dans la Régence. Puis, vers 1840, les premiers résultats ayant appris aux habitants quels bénéfices on pouvait tirer de cette culture, le mouvement s'accentua. Vers 1850, quelques hommes, parmi lesquels on cite Si El Hadj Mohammed Et Triki, encore vivant aujourd'hui, ayant observé avec soin ce qui avait été fait jusque-là, remarquèrent quelles commodités la symétrie parfaite donne pour la culture et combien les arbres largement espacés devenaient plus beaux et produisaient plus de fruits que ceux qui sont serrés. Ils inaugurèrent ces belles plantations par lignes espacées de vingt-quatre mètres, d'une régularité parfaite, que tous les autres planteurs s'empressèrent d'imiter et qui donne aujourd'hui à la forêt de Sfax la physionomie d'un parc à la française.

En 1881, au moment de l'occupation française, cette forêt en reconstitution couvrait déjà, dans les environs immédiats de Sfax, les jardins non compris, une superficie de 18,000 hectares.

———×———

VI

Procédés en usage à Sfax pour la culture de l'olivier.

En même temps qu'ils faisaient ainsi pratiquement la preuve que le centre de la Tunisie peut être rendu aux cultures fruitières, les Sfaxiens élaboraient les principes suivant lesquels ces cultures doivent y être conduites.

Il semble que l'esprit des planteurs antiques se soit perpétué dans cette intelligente et laborieuse population. Sans enseignement du dehors, par le seul effet de ses propres observations, elle est arrivée à porter la culture de l'olivier à un degré de perfection tel que la science agricole européenne n'a rien à corriger ni rien à ajouter à ses procédés. « Le jury a constaté — disait le rapport du jury de l'oléiculture au Concours général de Tunis en 1888, jury composé en majorité d'oléiculteurs français, étrangers à la Tunisie — le jury a constaté que la région de Sfax notamment est admirablement placée par la nature de son terrain et de ses conditions climatériques pour la plantation et la culture de l'olivier ; les plantations qui y existent déjà sont superbes et laissent bien loin derrière elles tout ce qu'on peut voir en Europe comme développement de l'arbre et quantité de fruits... Il est à remarquer que plus on se rapproche de Sfax, plus les arbres sont forts et bien cultivés. Dans cette région, la taille et la forme à donner à cet arbre sont très rationnelles et en parfaite concordance avec ce qui est indiqué par les professeurs d'arboriculture. »

Je me suis assuré que la culture de l'olivier n'a fait jusqu'ici l'objet d'aucun écrit parmi les Sfaxiens. Ils se transmettent leurs connaissances oralement. Les renseignements qui suivent et qui résument tout ce que j'ai pu en apprendre sont le résultat d'une enquête reprise plusieurs fois, soit directement par mes soins, soit par les soins du contrôleur civil de Sfax, M. Fidelle. Notre principal informateur a été Si El Hadj Mohammed Et Triki, amin de la forêt et l'un des planteurs qui ont le plus contribué à perfectionner les procédés en usage.

Les Sfaxiens possèdent deux variétés d'oliviers donnant de gros fruits pour la table. Ce sont : le *mellahi*, dont les fruits ronds peuvent atteindre le volume d'un petit abricot (on les cueille verts pour les saler), et le *nab,* dont les fruits ovales sont un peu moins gros que ceux de l'espèce précédente. Les arbres de ces deux variétés sont admis dans les olivettes dans la proportion de 2%. Le reste de la forêt est planté en *chemlali,* espèce connue dans toute l'Afrique du Nord, dont le fruit est beaucoup plus petit, mais aussi beaucoup plus abondant, et qui est cultivée spécialement pour le pressoir. Avec une variété du *nab,* dite *nab r'chid,* dont les fruits sont rouges et qui est très peu répandue, les Sfaxiens ne paraissent pas connaître d'autres espèces à huile.

La terre réputée la meilleure pour l'olivier est la terre sablonneuse rougeâtre, reposant sur un sous-sol pierreux. La terre jaune est tenue pour mauvaise. Pour planter, les gens soigneux font les trous à l'avance, afin que les premières pluies les arrosent. On se contente, en terrain ordinaire, de donner au trou 50 centimètres de côté sur 60 centimètres de profondeur. Si le terrain est dur, on creuse jusqu'à 75 centimètres. Dans tous les cas, il faut piocher avec soin le fond du trou, afin de l'ameublir. Il n'est pas d'usage de faire faire ces trous à forfait. Un ouvrier en peut creuser une cinquantaine dans sa journée en terrain meuble, vingt-cinq à trente seulement en terrain rocailleux ou dur. Une journée d'ouvrier se paye, suivant que l'année est bonne ou mauvaise, 1 fr. 50 à 2 francs.

Les trous se font de manière à mettre les plants en carré, à vingt-quatre mètres les uns des autres. Les Sfaxiens n'ont pas découvert encore le quinconce, qui leur permettrait de mettre plus d'arbres sur la même surface, tout en les tenant à la même distance. Cent arbres plantés en carré à vingt-quatre mètres les uns des autres, couvrent une superficie de 5 hectares 76 ; plantés en quinconce à la même distance, ils ne couvriraient que 4 hectares 98. Dans le premier cas, il n'y a que dix-sept arbres et un tiers à l'hectare; dans le second cas, il y en aurait vingt. C'est un progrès, le seul probablement, que les colons français auront à enseigner aux Sfaxiens.

Les planteurs mettent un grand amour-propre à avoir des alignements irréprochables. On se servait jadis pour les tracés de cordes d'alfa qui avaient le défaut de se détendre au soleil. Si El Hadj Mohammed Et Triki a imaginé le premier de se servir d'un fil de fer pour obtenir des lignes parfaitement droites.

Les plantations se font uniquement avec des éclats détachés de vieux arbres. Ce sont des morceaux de bois, de vingt à vingt-cinq centimètres de long, épais de dix, conservant une partie d'écorce, d'où partent plus tard les rejets. On les détache du tronc d'un vieil arbre; la partie du tronc qui est sous terre est réputée la meilleure; mais on n'apporte pas grande attention à leur choix. Ces éclats se vendent, à Sfax, 24 francs le cent. Ils peuvent rester quinze jours au soleil sans en souffrir. Le transport n'en exige donc aucun soin particulier. Si un plus long délai doit s'écouler avant qu'on les utilise, on les met au frais dans la terre.

On plante de décembre en mars ; décembre et janvier valent mieux, parce qu'on a chance de profiter des pluies d'hiver. En février et en mars, on supplée aux pluies par des arrosages; seulement, les pieds qui avortent sont plus nombreux.

L'éclat se dépose au fond du trou, sans fumure. On piétine la terre autour, et on jette vingt-cinq centimètres de terre par dessus. Au printemps, les rejets apparaissent. Les éboulis sur le passage de la charrue et le vent achèvent peu à peu de remplir le trou. A mesure qu'il se comble, on ébourgeonne la partie du rejet qui s'enterre.

On arrose les jeunes plantations trois fois pendant l'été, la première année; la plupart des cultivateurs les arrosent trois fois encore la seconde année. On porte l'eau dans des jarres d'une capacité de quinze à vingt litres. Chaque olivier en reçoit deux jarres. D'après Si El Hadj Mohamed Et Triki, l'arrosage ne serait pas indispensable. Dans les années pluvieuses, on se dispense d'arroser, et il a remarqué que les arbres venus ainsi sont plus beaux. Mais ceci peut tenir justement à ce que des pluies abondantes avaient mouillé la terre. L'opinion de Si Mohammed Et Triki sur ce point fait exception. L'arrosage, au moins la première année, est la règle.

La greffe en fente et la greffe en écusson se pratiquent couramment dans les jardins de Sfax pour l'oranger, le citronnier, le poirier, le pommier, l'amandier, le pêcher, l'abricotier, le prunier; mais on ne greffe jamais l'olivier destiné à fournir de l'huile. Quand on veut des olives de table, on greffe les espèces *mellahi* ou *nab* sur l'espèce *chemlali*. La greffe en écusson se pratique au mois de mai.

Pendant les trois premières années, les pousses s'élèvent peu au-dessus de terre. L'effort de la croissance porte alors surtout sur les racines. Les années suivantes, les tiges grandissent beaucoup plus vite. Tant que le jeune arbre n'est pas en rapport, on le taille un peu tous les ans, de manière à le conduire à une belle forme. On entend par là une forme bien équilibrée, bien arrondie, dans laquelle les maîtresses branches sont tenues à bonne et égale distance les unes des autres, de manière que l'air circule aisément entre elles. Ces soins sont très importants; l'avenir de l'olivette en dépend en grande partie.

Jusque vers la sixième année de la plantation, on fait entre les lignes d'oliviers des cultures intercalaires, en ayant soin de laisser, des deux côtés de chaque ligne, une bande de terrain nu qu'on élargit chaque année. On sème de l'orge ou des fèves, du blé plus rarement, car il passe pour être plus nuisible aux jeunes arbres. Dans quelques olivettes, on sème tous les ans, pendant quatre ans, une année de l'orge et une année des fèves; les fréquentes façons données à la terre assurent de bonnes récoltes.

A partir de la sixième année, ces cultures cessent tout à fait; le terrain est désormais exclusivement réservé aux oliviers. Quel que soit l'âge de l'olivette, les bons planteurs la labourent cinq fois par an, deux fois avec la charrue et trois fois avec la maâcha. La maâcha est encore une invention des Sfaxiens, et parfaitement appropriée aux sols légers. C'est une grande lame emmanchée horizontalement comme une rasette à la place du soc de la charrue, et qui coupe les herbes à un ou deux centimètres en terre. On passe la maâcha à travers l'olivette autant que possible quelques jours après la pluie, parce que la pluie fait germer les graines. Si le terrain est envahi par le chiendent, on passe la maâcha toutes les semaines une fois, une dizaine de semaines de suite s'il le faut, jusqu'à ce que le chiendent meure. On en vient toujours à bout. Grâce à ces soins que favorise un climat sec, les olivettes de Sfax sont des modèles de propreté. C'est à la lettre qu'on n'y voit pas un brin d'herbe. Les labours se font d'octobre à mai.

Quand l'olivier est en rapport, c'est-à-dire vers la dixième année, on ne le taille plus que tous les deux ans. Si la récolte a été faible, on le taille peu afin de ménager la récolte suivante. Si la récolte a été bonne, on le taille fortement pour renouveler le bois et préparer une nouvelle bonne récolte deux années après.

Étant données les dimensions des oliviers de Sfax, il ne saurait être question de chercher à en tenir les branches près de terre, comme en Provence. On se contente d'aérer le milieu de l'arbre et d'éclaircir sa masse en sacrifiant toutes les pousses verticales parce qu'elles donnent peu de fruits. Les grosses branches se coupent à la scie et les petites à la serpe. Les sections sont toujours d'une remarquable netteté. On se sert de hautes échelles doubles pour la taille comme pour la cueillette.

Le nombre d'arbres qu'un tailleur peut tailler dans sa journée dépend du plus ou moins de profondeur qu'il donne à la taille. Il est en moyenne de huit à dix. Les tailleurs se payent 3 fr. 50 la journée.

Quelques riches propriétaires fument leurs oliviers. On attend que l'arbre ait dix ou douze ans. Alors, tous les quatre ou cinq ans, on enterre au pied de chaque olivier une charge de chameau de fumier. L'augmentation de rendement est sensible.

Les oliviers de Sfax sont sujets à deux maladies connues des oléiculteurs de tous les pays : le noir et le ver.

Les naturalistes ne sont pas d'accord sur l'origine du noir. On ne sait si le parasite qui le cause est animal ou végétal. Quand les arbres sont atteints de cette maladie, les feuilles, le tronc et quelquefois le bois même noircissent ; les feuilles s'étiolent et les fruits n'arrivent pas à maturité. Les printemps à pluies tardives engendrent le noir. Les brouillards humides en favorisent également le développement. C'est pourquoi il passe pour être apporté par les vents marins. Les oliviers y sont certainement plus sujets dans le voisinage de la mer ; aussi ont-ils moins de valeur dans cette zone que dans le reste de la forêt. Les arbres jeunes et vigoureux sont généralement exempts de cette maladie.

Le ver *(dacus oleœ)* est la larve d'une mouche microscopique qui dépose ses œufs sur l'olive. Il s'introduit dans le fruit et le fait tomber avant maturité.

On n'a trouvé nulle part de remède efficace à ces deux maladies. Heureusement, si elles peuvent compromettre une récolte, elles n'attaquent point la vitalité de l'arbre même. Ce n'est que par exception du reste qu'elles causent des dommages notables à Sfax. La forêt y a un aspect de santé qui frappe tous les visiteurs. Le sirocco, si redoutable à la plupart des cultures, passe pour assainir l'olivier.

L'olivier fleurit en avril-mai. En juin les fruits sont formés. Il est d'usage à Sfax que le douzième jour de la lune de juin on aille dans les olivettes pronostiquer l'importance de la récolte qui s'annonce. C'est par centaines que les Sfaxiens vont voir leurs oliviers ce jour-là. Les olives commencent à mûrir sur les jeunes arbres en octobre et plus tard sur les vieux. La cueillette dure quatre mois, jusqu'à la fin de janvier. On se garde bien de gauler les arbres comme dans le nord de la Régence, ce qui détruit une partie des bourgeons de la récolte suivante. On se gante les doigts de cornes de mouton; on monte sur des échelles doubles pour atteindre les branches, et on en fait tomber les fruits en les peignant de la main.

Il arrive que des plants dans une olivette bien tenue montrent quelques olives dès la troisième année. A six ou sept ans, tous commencent à en donner deux ou trois litres. Quand la récolte est bonne, ils en donnent, à dix ans, une trentaine; à quinze ans, 60; à vingt ans, 90. Ils sont alors en plein rapport. Certains arbres produisent jusqu'à 200 litres. Ils sont rares. On n'en compte pas plus d'un à deux sur cent, dans les plus belles olivettes.

Une olivette mal soignée commence à produire beaucoup plus tard. Quelques-unes ne donnent pas leurs premiers fruits avant douze ou quinze ans. C'est surtout pendant les premières années qu'il importe de ne point négliger l'olivier.

La légende veut que l'olivier soit un arbre éternel et qu'il produise indéfiniment. Est-elle exacte? Les Sfaxiens manquent encore d'une expérience suffisante pour se prononcer. Ils ont remarqué que plus l'arbre est âgé, plus grande est la quantité d'huile que contiennent les olives proportionnellement à leur poids. Ils croient avoir également remarqué qu'après une cinquantaine d'années de production soutenue, la quantité d'olives que donne un arbre diminue, mais ils savent le rajeunir par une taille à fond, un déchaussement et une bonne fumure, et lui rendre sa vigueur première.

L'olivier saisonne. Jamais deux récoltes pleines ne se suivent. On calcule qu'à Sfax une bonne année est suivie d'une médiocre, puis d'une mauvaise. On compte, en résumé, que trois années donnent en moyenne une bonne récolte et demie. Du reste, les arbres d'une olivette saisonnant de façons différentes, il y en a toujours un certain nombre en production chaque année.

Les olives provenant de tout jeunes arbres fournissent au pressoir 10 % de leur poids en huile. A mesure que les arbres grandissent, le rendement augmente. Il atteint 18 et 20 % dans les moulins arabes, 23 et jusqu'à 30 % dans les moulins européens. Ces proportions inusitées indiquent une qualité d'olives tout à fait supérieure.

VII

Possibilité pour les colons de participer à l'oléiculture.
Le contrat de m'rharça.

Ce qui a été commencé à Sfax avec tant de bonheur peut être étendu à tout le centre de la Tunisie. Mais comment accélérer le mouvement de replantation? Le moyen qui se présente naturellement à l'esprit est d'appeler les colons à y concourir. Mais le peuvent-ils? Et dans quelles conditions?

La plupart des olivettes de Sfax ont été plantées à moitié par un propriétaire et un ouvrier liés entre eux par un contrat de m'rharça.

En vertu de ce contrat, le propriétaire achète la terre et la livre à l'ouvrier, qui devient son m'rharci.

Jadis la prise de possession d'un terrain se marquait par la construction d'une tabia, levée de terre sur laquelle on plantait une haie de cactus. La construction de la tabia était à la charge du propriétaire; le mètre courant en revient à 30 ou 40 centimes. Aujourd'hui que la loi a modifié les conditions d'acquisition des terres sialines, la construction d'une tabia n'est plus obligatoire. Cependant c'est une bonne clôture contre l'invasion des animaux, et quelques propriétaires continuent à en construire.

Le m'rharci défriche s'il y a lieu; dans la région de Sfax, comme du reste presque partout dans le centre de la Tunisie, les chétives plantes à demi-ligneuses qui occupent le sol ne résistent pas à un labour un peu profond. Cependant, si le défrichement présentait des difficultés particulières, le m'rharci pourrait refuser de s'en charger; il incomberait alors au capitaliste, mais cela n'arrive pour ainsi dire jamais.

Le m'rharci fournit les éclats à planter, les animaux et les instruments, et il se charge de tout le travail qu'exige la plantation et son entretien.

Un m'rharci seul peut cultiver 200 oliviers, soit une douzaine d'hectares; s'il a une famille pour l'aider, il peut aller jusqu'à 500, soit environ 31 hectares. On calcule qu'il faut un chameau par 10 hectares pour assurer les labours. Quand la terre est bien préparée, le labour d'un hectare à la charrue demande deux jours et à la maâcha un jour. Les deux labours à la charrue et les trois façons à la maâcha qu'il est d'usage de donner à la terre, d'octobre à mai, représentent donc soixante-dix journées de travail pour le chameau employé à l'entretien de 10 hectares.

Un m'rharci qui cultive 31 hectares a besoin de quatre charrues, dont une de réserve; de quatre maâchas, dont une de réserve; de râteaux ou de herses pour ramasser les herbes; d'échelles, de sapes, de pelles, de haches, et, s'il sait tailler, de serpes et de scies.

Le prix d'un chameau est très variable. Il tombe très bas dans les années sèches et peut s'élever très haut dans les bonnes années. Les écarts extrêmes sont de 120 à 300 francs, quelquefois, mais tout à fait par exception, 400 francs. Une charrue coûte 5 francs, une maâcha 10 francs, les autres instruments de 1 à 2 fr. 50. En somme, année moyenne, les animaux et les instruments nécessaires à un m'rharci qui prend la charge d'une plantation de 31 hectares exigent une dépense de 650 à 750 francs.

Le m'rharci étant un ouvrier agricole, il est rare qu'il dispose personnellement d'une pareille somme. Il est d'usage que le propriétaire, son associé, lui fasse quelques avances. Ces avances ne portent point d'intérêt, et c'est là un gros avantage pour le m'rharci qui ne pourrait emprunter autrement qu'à un taux usuraire et qui le plus souvent ne trouverait pas à emprunter du tout.

Elles sont remboursées au moment où l'association est dissoute et la plantation partagée. Si le m'rharci n'a point d'argent à ce moment-là, il donne en remboursement une partie de la moitié de plantation qui lui revient. Jamais un indigène n'avance à son m'rharci la totalité de la somme dont celui-ci a besoin. Il ne donne que de petits acomptes peu à peu, en en réglant soigneusement le montant sur la valeur des travaux déjà faits, de manière à ce qu'il n'en dépasse jamais les trois cinquièmes. Si l'on avançait davantage, disent les Sfaxiens, il vaudrait mieux prendre des ouvriers à gages et se charger soi-même de la plantation. Il est même rare que les avances atteignent la moitié de cette somme. Cependant les Européens qui ont entrepris des plantations à leur tour ont dû se montrer plus généreux pour s'assurer des m'rharcis. Ils avancent à peu près toutes les sommes nécessaires.

Quelques-uns de ces Européens comptent que le m'rharci ne pouvant se libérer à la fin de l'association, sa moitié leur reviendra en remboursement. Je ne crois point que ce soit un bon calcul. Les intérêts du propriétaire et du m'rharci sont harmoniques. Le propriétaire aura toujours besoin d'ouvriers pour son olivette. C'est pour lui un précieux avantage que de conserver dans son voisinage un homme fixé au sol comme petit propriétaire, habitué à travailler avec lui et qu'il a toujours à portée de la main.

Pour les cultures intercalaires, le propriétaire fournit le tiers de la semence et il a droit au tiers de la récolte. Il est d'usage, s'il est content de son m'rharci, qu'il fournisse le tiers de la semence et ne prenne que le quart de la récolte. C'est un moyen de récompense. S'il ne donne point de semence, il n'a droit à aucune part de la récolte.

Quand les oliviers commencent à produire 2 à 3 saas (4 à 6 litres) d'olives, ce qui arrive normalement vers la huitième année, on procède au partage entre le m'rharci et le capitaliste. Les amins (experts indigènes qui sont l'objet d'une désignation officielle) divisent la plantation en deux parts égales, et ces parts sont tirées au sort.

Chacun des deux anciens associés dispose alors de sa moitié à son gré. Le propriétaire a désormais le choix entre deux combinaisons pour continuer la culture de la moitié qui lui est échue. Ou bien il prend son m'rharci ou une autre personne comme fermier, et il lui abandonne un tiers ou une moitié de la récolte. Ou bien il administre lui-même son olivette et engage des ouvriers pour la travailler.

Le prix de la journée d'un laboureur est très variable suivant l'année. En bonne année il monte à 1 fr. 50 pour un homme seul et à 3 francs pour un homme et son chameau. En année mauvaise il descend à 50 centimes pour un homme seul, à 1 fr. 50 pour un homme et son chameau. Les tailleurs, comme je l'ai dit plus haut, coûtent 3 fr. 50 par jour. Quant à la cueillette, les propriétaires qui ont beaucoup d'oliviers y procèdent rarement eux-mêmes. Ils vendent les olives sur pied, et l'acheteur se charge de les ramasser. Des nomades viennent de divers points de la Régence s'engager pour cette besogne qu'on leur paye en leur abandonnant une part de la récolte.

Le contrat de m'rharça se passe devant les notaires arabes. [1] Si le m'rharci manque à ses obligations, le propriétaire le traduit devant le cadi. S'il s'agit d'une négligence accidentelle, le cadi condamne le m'rharci à la réparer. S'il y a mauvaise volonté évidente ou incapacité, le cadi, sur la demande du propriétaire, rompt l'association. Des amins évaluent le travail exécuté par le m'rharci ; le propriétaire rembourse celui-ci, déduc-

---

(1) Il peut se passer aussi devant le contrôleur civil, faisant fonction de vice-consul. Le modèle joint à ce rapport s'applique à ce dernier cas. (V. Appendice n° 3.)

tion faite des avances qu'il lui a consenties ; puis il reprend possession de la totalité de la propriété et il cherche un autre m'rharci. En cas de mort du m'rharci, on procède de même : le propriétaire rembourse aux héritiers, sur estimation des amins, le travail fait, et reprend possession de la totalité de la propriété.

Telles sont les conditions dans lesquelles se replante la forêt de Sfax. Elles ne présentent rien qui soit de nature à écarter les colons. Un assez grand nombre d'Européens en ont déjà jugé ainsi et ont dès maintenant entrepris de vastes plantations en s'associant des m'rharcis.

VIII

*Bénéfices que peut donner la plantation
d'une olivette.*

Il est possible que les colons concourent à reconstituer l'ancienne forêt du centre de la Tunisie. Mais l'entreprise offre-t-elle des chances de gain suffisantes pour les engager à risquer leurs capitaux dans cette culture ?

Le compte des dépenses et des recettes d'une plantation d'oliviers répondra à cette question.

Les cultures intercalaires constituent une opération distincte et passagère ; on peut les négliger. Je prends pour type la plantation de 10 hectares, à laquelle suffit un chameau. J'admets que, suivant le cas le plus fréquent, l'association entre le propriétaire et le m'rharci est dissoute la huitième année.

Voici, d'après les renseignements recueillis à Sfax, la mise de fonds qu'engage un propriétaire qui avance toutes les sommes dont le m'rharci a besoin. C'est le cas le moins favorable.

Achat du terrain à 10 fr. l'hectare . . . . . Fr. 100 »

Intérêt de cette somme à 6 % pendant huit
ans [1] . . . . 48 »

Avance au m'rharci pour l'achat d'un cha-
meau . . . . 200 »

Intérêt de cette somme à 6 % pendant huit
ans . . . . 96 »

Avance au m'rharci pour l'achat des instru-
ments de travail et des éclats à planter . . . . . . 50 »

Intérêt de cette somme pendant huit ans, à
6 % . . . . 24 »

Total . . . . . . Fr. 518 »

Toute plantation de dix hectares exige donc
chez le propriétaire la disponibilité d'une somme de 518 francs. Mais, au moment de la disso-
lution de l'association, le m'rharci rembourse
les avances qui lui ont été faites, soit . . . . 250 »

Les dépenses réelles restant à la charge
du propriétaire sont donc de . . . . Fr. 268 »

Dix hectares plantés en carré d'oliviers espacés de
vingt-quatre mètres les uns des autres portent 174 oliviers.

A la suite du partage, le propriétaire et le m'rharci
se trouvent ainsi chacun en possession d'une olivette
de 87 oliviers.

Le pied d'olivier revient par conséquent net au propriétaire à un peu plus de 3 francs.

Désormais, ces oliviers donnent un produit suffisant
pour couvrir les frais de leur entretien annuel. Ces frais
sont naturellement moins élevés quand les arbres sont
jeunes, parce que les frais de cueillette, de transport et

---

(1) Pour le cas où l'on paierait le tout comptant. Mais on peut
payer moitié comptant, moitié quatre ans après l'autorisation de
planter. L'intérêt ne serait plus que de 36 francs.

de pressage sont proportionnels à l'importance de la récolte. Quand les arbres sont en plein rapport, les frais d'entretien se répartissent ainsi :

Deux labours à la charrue, soit vingt journées à 2 fr. 25 pour le laboureur et son chameau .... 45 »

Trois façons à la maâcha, soit quinze journées à 2 fr. 25 pour le laboureur et son chameau 33 75

La taille est payée par la vente du bois coupé... mémoire

Frais de cueillette .... 70 »

Frais de transport au moulin, à une distance de 20 kilomètres, et frais de pressage........ 50 »

Total........Fr. 198 75

Soit par arbre, en chiffre rond, une dépense annuelle de 2 fr. 30.

A cette somme s'ajoute, à partir de la quinzième année, le payement de l'impôt kanoun, qui est de 45 centimes par pied. Les dépenses annuelles d'un pied d'olivier sont dès lors portées à 2 fr. 75 et restent par la suite indéfiniment les mêmes.

Tous les chiffres ci-dessus sont donnés pour une exploitation où, faute d'être familier avec les mœurs locales, on devrait porter les dépenses au maximum. Il est de notoriété publique à Sfax que la plupart des planteurs parviennent à réduire les frais à un chiffre sensiblement inférieur.

J'ai rapporté plus haut que la production normale de l'olivier à Sfax est, par suite du saisonnement, d'une bonne récolte et demie par période de trois années, soit une demi-récolte en moyenne par année. Un olivier donne donc par an, en moyenne : à dix ans, 15 litres d'olives ; à quinze ans, 30 litres, et à vingt ans 45.

A dix ans, le revenu net est encore insignifiant. A quinze ans, 30 litres d'olives donnent 6 litres 90 d'huile représentant, à 65 centimes le litre, un revenu brut, en chiffre rond, de 4 fr. 45, et un revenu net de 4 fr. 45 moins 2 fr. 30 de frais d'entretien, soit 2 fr. 15. A vingt ans, 45 litres d'olives donnent 10 litres 35 d'huile représentant un revenu brut, en chiffre rond, de 6 fr. 75, et un revenu net de 6 fr. 75 moins 2 fr. 30 de frais d'entretien et 0 fr. 45 d'impôt kanoun, soit 4 fr.

Le prix courant d'un olivier est à dix ans de 15 à 18 francs, à quinze ans de 35 à 40 fr., à vingt ans de 45 à 50 fr. Il conserve indéfiniment cette dernière valeur. Un Sfaxien qui possède 1,000 pieds d'oliviers est considéré comme riche.

On se demandera quel degré d'approximation représentent ces moyennes. Ce sont des moyennes ; mais elles serrent la réalité de très près, de beaucoup plus près que les moyennes ordinaires dans les calculs agricoles. Un fait frappant dans la forêt de Sfax, c'est en effet combien la venue des arbres y est égale ; on n'y voit aucun sujet chétif.

Un autre fait qui ressort des premières statistiques que l'Administration du Protectorat a pu dresser, en même temps que des observations des Sfaxiens, c'est qu'à la considérer par périodes de trois années, la production des olives est assez régulière.

Si l'on applique ces moyennes à des superficies, on constate que pour conserver un hectare contenant 17 oliviers, [1] il faut en planter deux en association avec un m'rharci. Cet hectare exigera donc une mise

de fonds de $[\frac{518 \times 2}{10} = 103^{f}60]$..........Fr.   103 60

---

(1) On a commencé à planter les oliviers à quinze mètres les uns des autres, puis on a planté à dix-huit mètres, à vingt, à vingt-deux. Aujourd'hui on ne plante plus les oliviers qu'à vingt-quatre mètres les uns des autres en tous sens. Cent oliviers plantés en carré à cette distance occupent une superficie de 5 hectares 76. Il y a donc à l'hectare 17 oliviers 1/3. Je néglige cette fraction dans les calculs qui suivent.

Quand le m'rharci aura remboursé ses avances, la dépense réelle ressortira à........Fr.   53 60
     A vingt ans, l'hectare en plein rapport rap-
portera net [$4^f \times 17 = 68^f$]...............   68   »
     Et il vaudra, valeur marchande [$50^f \times 17 =$
850^f]......................................   850   »
environ.

Ce revenu et cette valeur seront majorés sans qu'il
y ait accroissement de dépenses si, comme il est probable, au carré des Sfaxiens les planteurs européens
substituent les quinconces. Au lieu de 17 arbres à l'hectare, on en aura 20. Le revenu sera porté à 80 francs,
et la valeur de l'hectare à 1,000 francs.

En nous en tenant aux données actuelles, pour conserver 100 hectares, il en faudra donc planter 200, engager une mise de fonds de 10,360 francs, et dépenser
réellement 5,360 francs. A vingt ans on aura un revenu
de 6,800 francs et une propriété d'une valeur de 85,000
francs. Pour conserver 1,000 hectares il en faudra planter 2,000, engager une mise de fonds de 103,600 francs
et dépenser réellement 53,600 francs. A vingt ans on
aura un revenu de 68,000 francs et une propriété d'une
valeur de 850,000 francs.

On peut faire le même calcul pour toutes les superficies imaginables. En vingt ans, le capital est quindécuplé, et ce capital quindécuplé rapporte net 8 %, ce
qui se rapproche sensiblement du taux ordinaire du
loyer de l'argent à Sfax. Le revenu annuel dépasse
sensiblement la somme totale primitivement engagée.

Tant que les planteurs se sont recrutés exclusivement
parmi les indigènes, on a procédé par petites étendues.
Une olivette de cent hectares était une rareté. Depuis
que les Européens se sont mis à leur tour à la culture
de l'olivier, ils y ont apporté, avec des capitaux plus
grands, leur hardiesse de vues. La plupart ont entrepris
la plantation de plusieurs centaines d'hectares. Quel-

ques Français ont poussé jusqu'au millier. Des plantations de cette étendue comportent deux dépenses qui ne sont pas entrées en ligne de compte ci-dessus.

La première est la construction des puits. Il faut arroser les plants pendant les deux premières années et abreuver les bêtes pendant les labours. Il existe à Sfax des ouvriers spéciaux qui se chargent à forfait de ce genre de travail, à raison de 7 francs la taille pour un puits non maçonné de 1 mètre de diamètre, et de 80 à 85 francs pour un puits maçonné de 1^{m}50 de diamètre en dedans de la maçonnerie. En raison de la difficulté que présente le travail dans l'eau, les deux dernières tailles se paient 100 francs. La taille est une mesure de 1^{m}75. On trouve de l'eau partout dans les environs de Sfax, mais à une assez grande profondeur, 15 à 25 mètres en général. Un puits creusé par un colon français, dans des conditions il est vrai assez mal choisies quant à l'altitude, n'a donné de l'eau qu'à 41 mètres.

La seconde dépense consiste dans l'entretien d'un gérant pour surveiller l'entreprise et faire exécuter les contrats par les m'rharcis. Les gérants se paient ou par un salaire annuel ou par l'abandon d'une part sur la moitié de la propriété qui revient au propriétaire au moment du partage, un huitième par exemple.

Même grevée de ces deux charges nouvelles, les bénéfices que laisserait une plantation d'oliviers d'après les données que je viens d'exposer ont provoqué l'étonnement et le doute chez quelques personnes. Ils leur paraissent dépasser ce qu'on peut attendre d'une entreprise agricole. Je ne puis que dire que ces données ont été contrôlées à Sfax à plusieurs reprises et par diverses personnes, qu'elles y sont en quelque sorte de notoriété publique, et qu'elles y inspirent tant de confiance que les sept cent vingt-sept demandes de concession adressées au Gouvernement par des indigènes proviennent toutes d'habitants de Sfax ou de son territoire, et que sur les soixante-six premières demandes de concession adressées au Gouvernement par des Européens, vingt-huit émanent d'habitants de Sfax même et vingt de personnes y ayant résidé quelque temps. Enfin, c'est seulement par une création de richesses telle que celle que ces données font ressortir que peut s'expliquer plausiblement l'accroissement si rapide de cette ville depuis quarante ans.

Les plantations d'oliviers ont ce gros inconvénient de ne commencer à produire que vers la dixième année, de ne donner des rendements sérieux que vers la quinzième et de n'être en plein rapport qu'à vingt ans. Elles ne sont donc accessibles qu'aux personnes qui peuvent se passer de tirer un revenu immédiat de leurs capitaux. Ceci accepté, tous les renseignements s'accordent pour indiquer qu'elles constituent, sur le sol et sous le climat privilégié pour cette culture du centre de la Tunisie, un des placements les plus sûrs et les plus productifs qu'on puisse faire.

Je ne sais s'il convient d'ajouter, comme un détail propre à intéresser quelques personnes, que tous les soins que réclament l'olivier : la taille, les labours et la cueillette, se donnent d'octobre à mai, c'est-à-dire en hiver, pendant la saison où le séjour du pays est recherché pour sa douceur.

IX

Des autres cultures fruitières et des cultures d'essences en usage à Sfax.

C'est ici le lieu de donner quelques indications sur les autres cultures fruitières en usage à Sfax. Bien qu'ayant moins d'importance économique que celle de l'olivier, elles ont leur rôle à jouer dans la reconstitution de l'ancienne forêt, et quelques-unes sont probablement appelées à recevoir un grand développement.

On estime qu'il existe 350,000 pieds de vigne indigène dans les jardins de Sfax, 10,000 aux Kerkennah et 40,000 dans les jardins des Métellit. Il y en a de cinq variétés. La plus estimée est *l'asli* qui donne un raisin à grains ronds et serrés, à peau fine, d'un blanc doré et très riche en sucre. Deux autres variétés donnent des raisins blancs et blanc doré, à peau rugueuse, ressemblant au chasselas. La quatrième variété donne des raisins violet rouge. Quoique musulmans, les gens de Kerkennah font du vin blanc avec les premières variétés.

En raison de la nature sablonneuse du sol, on ne défonce point pour la plantation. On creuse simplement des trous, comme pour l'olivier, à cinq mètres les uns des autres, ce qui met 400 pieds à l'hectare. La vigne pousse avec une grande vigueur et paraît de longue durée ; des ceps de cinquante ans ne donnent aucun signe de vieillesse. Elle commence à produire à la troisième feuille : elle est en plein rapport à dix ans. Un cep produit alors de huit à dix kilogrammes de raisins qui se vendent dix centimes le kilogramme. Le raisin de Sfax est renommé. On en exporte frais à Kairouan et à Sousse. Les indigènes savent le sécher et font ainsi des provisions pour l'hiver. Mais ces raisins secs ne sont pas assez bien préparés pour le commerce.

Les indigènes plantent leurs vignes d'octobre à janvier. Il les taillent en janvier et en février. La taille se fait en deux fois. La première fois on enlève un sarment sur deux. La seconde fois, on laisse seulement quatre yeux sur le sarment conservé.

Depuis cinq à six ans il s'est créé des vignobles européens qui couvrent actuellement deux cent vingt hectares. Les cépages en ont été tirés des vignobles européens de l'Enfida et du Mornag. Ils poussent avec autant de vigueur et paraissent devoir produire aussi abondamment que les cépages indigènes. Ces vignobles sont encore trop jeunes pour qu'on puisse pronostiquer avec certitude sur leur avenir. Les anciens faisaient du bon vin sous des latitudes plus méridionales encore, puisque Pline classe les vins de Tripoli parmi les plus réputés. [1] Il est vrai qu'il n'est pas sûr que les anciens aient eu les mêmes goûts que les modernes en fait de vin. Quoi qu'il en soit, il paraît dès maintenant acquis qu'on peut faire à Sfax des vins de liqueur et des vins blancs d'un bouquet fin et très particulier. Les vins rouges ont eu jusqu'ici le défaut de se mal conserver. Il n'est pas douteux que quand on le voudra on pourra produire des raisins secs dans d'aussi bonnes conditions que la Grèce et l'Espagne. Les vignobles de Sfax offrent cette grande sécurité qu'étant plantés dans un terrain sablonneux ils paraissent devoir rester toujours à l'abri du phylloxéra.

Les amandiers de Sfax appartiennent à deux variétés : l'amande dure et l'amande demi-tendre. L'amande dure y est de qualité supérieure, elle est très recherchée par la confiserie européenne. L'amande demi-tendre se consomme presque entièrement sur place. L'amande

(1) *Histoire naturelle,* liv. XIV, chap. ix.

fine, l'amande princesse, n'est pas connue, et serait à essayer.

Les amandiers se plantent à douze mètres les uns des autres, ce qui en suppose soixante-neuf à l'hectare. Cet arbre étant à racine pivotante, les Sfaxiens condamnent les transplantations, qui peuvent compromettre le pivot. Ils sèment les amandes à l'endroit même où les amandiers doivent pousser. Ils en mettent deux ensemble, afin de choisir le sujet le mieux venu quand elles ont levé. Ils les enterrent à une profondeur de vingt centimètres, sans fumier, et ne les arrosent point. Les semis se font de novembre à janvier, de préférence en novembre, afin de profiter des pluies d'hiver.

On greffe à deux ans ; cependant, si le sujet ne paraît pas suffisamment développé, on attend la troisième année.

Les arbres élevés en pépinière se transplantent au bout d'un an et se greffent deux ans après la transplantation.

L'amandier commence à produire vers la cinquième année ; il est en plein rapport à quinze ans et on estime qu'il reste vigoureux jusqu'à cinquante. On ne le taille point, parce que les cicatrices engendrent la gomme qui fait dépérir l'arbre ; on se contente d'enlever le bois mort. On lui donne les mêmes soins de labour qu'à l'olivier.

L'amande dure se vend couramment à Sfax de 20 à 26 fr. les cent kilogrammes ; l'amande demi-tendre de 40 à 60 fr. On compte qu'une bonne récolte représente une valeur de 5 fr. par pied. Un hectare produirait donc 345 fr. Mais l'amandier ne donne des fruits qu'une année sur deux. Le revenu brut annuel tomberait ainsi à 172 fr. 50. Les frais de culture, de cueillette et de transport étant évalués à une quarantaine de francs, le bénéfice net ressortirait à environ 130 fr. l'hectare et serait presque double du bénéfice qu'on tire d'un hectare d'oliviers. Je donne ces chiffres sous une forme dubitative, parce que l'usage n'étant pas de planter les amandiers en masse, mais de les disséminer dans les jardins avec les autres arbres fruitiers, il n'a pas été possible d'observer comment se comporterait en réalité un hectare planté en amandiers. Cependant la conviction que l'amandier doit rapporter plus que l'olivier est générale à Sfax. Cette considération, jointe à la précocité beaucoup plus grande du rendement, pousse un certain nombre de planteurs européens à joindre à leurs olivettes quelques hectares d'amandiers qui leur donneront un premier revenu, en attendant que leurs oliviers soient en rapport.

Les figuiers sont également très répandus dans les jardins de Sfax. On estime à 6,000 quintaux métriques la quantité de figues qui s'y récolte annuellement. Les figues se vendent, fraîches, de 5 à 10 cent. le kilo, et, sèches, de 12 à 15 fr. le quintal. Elles sont, comme tous les autres fruits de Sfax, excellentes. Le figuier se reproduit par bouture. On ne le greffe point. Il commence à produire vers la quatrième année. Il ne donne des fruits que tous les deux ans. La récolte d'un pied en plein rapport peut atteindre une valeur de 3 à 4 fr. Aucun essai de plantation en masse n'ayant encore été fait, je ne saurais dire ni à quelle distance il conviendrait d'espasser les arbres, ni quel pourrait être le revenu d'un hectare. Si on y introduisait de meilleurs procédés de séchage, ceux d'Algérie par exemple, Sfax pourrait prendre une part considérable au commerce des figues sèches.

La culture du pistachier est en décadence. Ce n'est pas que l'arbre ne soit approprié au pays, les pistaches de Sfax sont célèbres dans tout le monde musulman ; mais la baisse des prix, qui sont tombés depuis vingt ans de 6 fr. à 3 et quelquefois à 2 fr., a découragé les planteurs. Alors qu'autrefois on comptait 10,000 pistachiers dans les jardins, il n'en reste aujourd'hui que 2,500, dont 500 mâles.

Le pistachier se greffe soit sur un sauvageon de huit à neuf ans, soit sur un lentisque. Le sauvageon greffé commence à produire six à sept ans après la greffe, c'est-à-dire vers sa quinzième année. Il y a des arbres mâles et des arbres femelles et, comme pour le dattier, la fécondation se fait artificiellement: Un pistachier en plein rapport donne en moyenne dix à douze kilos de fruits par an.

Le caroubier n'est pas assez répandu : on ne saurait trop le recommander à l'attention des planteurs. Il est précieux dans un pays sec où il est difficile de faire des provisions de fourrage. Tous les animaux mangent avec avidité la caroube. C'est une nourriture substantielle et saine qui leur donne de l'embonpoint. On reproduit l'arbre par semis ou par bouture. On le greffe à dix ans. Il commence à produire vers la quinzième année. Lorsqu'il est en plein rapport, il produit 250 à 300 kilos de caroubes qui se vendent de 9 à 10 fr. le quintal. C'est, comme l'olivier, un arbre d'une longévité indéfinie. Le cactus dont sont faites les haies fournissent des fruits très recherchés des indigènes, mais peu goûtés des Européens. Les raquettes peuvent en être également utilisées pour les animaux. Bien qu'elles soient médiocrement nourrissantes, elles n'en sont pas moins précieuses comme fourrage vert dans un pays où l'herbe fait défaut huit mois de l'année.

Les abricotiers, pêchers, pruniers, grenadiers, cognassiers, pommiers, poiriers et néfliers du Japon sont au nombre d'environ 475,000 dans les jardins de Sfax. Ce pays, très sec, est un pays de santé pour tous ces arbres ; les fruits en sont savoureux [1] et il est extrêmement rare

(1) Il faut entendre cette expression par rapport aux fruits des

qu'ils soient attaqués par les vers. L'abricotier en particulier atteint une taille inconnue en France. Le mûrier
vient bien aussi, et il est probable qu'en raison de la régularité du climat l'élevage du ver à soie s'y ferait dans
des conditions de salubrité particulières. Mais l'essai est
encore à faire.

Enfin, pour dresser le tableau complet des particula-
rités propres à l'agriculture de Sfax, et par conséquent
du centre de la Tunisie, j'ajoute que les causes climatériques qui donnent plus de saveur à ses fruits donnent
aussi plus de parfum à ses plantes aromatiques et à ses
fleurs. On cultive dans les jardins de Sfax le fenouil, la
coriandre, le cumin, la rose, l'églantine, la fleur d'oranger, le jasmin et la cassie, et on en fabrique des essences
qui sont recherchées dans tout l'Orient.

Voici, à titre d'indication, les décomptes de la distil-
lation de 100 kilos de roses et de 100 kilos de jasmins,
qui ont été fournis par le fabricant Si Amor Kaddour :

EAU DE ROSE

DÉPENSES

100 kilos de roses ....Fr.	65 »
60 fioles.................................	15 »
Bois de chauffage........................	9 »
Salaire du distillateur...................	15 »
Total.....Fr.	104 »

RECETTES

20 fioles d'eau de rose de 1re qualité à 6 fr. Fr.	120 »
20 — de 2e — à 2 fr. ...	40 »
20 — de 3e — à 1 fr. ...	20 »
1/2 metkal d'essence (le metkal est de 4 grammes environ)	9 »
Total.....Fr.	189 »

autres régions de la Tunisie. Les pommes et les poires ne peuvent être comparées en rien aux pommes et aux poires de France.

EAU DE JASMIN

DÉPENSES

100 kilos de fleurs de jasmins..........Fr.	80	»
Cueillette du jasmin.....................	20	»
20 fioles................................	5	»
Bois de chauffage.......................	12	»
Salaire du distillateur.................	10	»
Total.....Fr.	127	»

RECETTES

10 fioles d'eau de jasmin de 1re qual. à 10 fr. Fr.	100	»
10 — de 2e à 3 fr.....	30	»
2 metkals d'essence.....................	42	»
Total.....Fr.	172	»

X

Acquisition des terres. — Les terres sialines.

Pour achever l'exposé des conditions dans lesquelles les colons peuvent participer à la replantation de l'ancienne forêt du centre de la Tunisie, il reste à examiner plusieurs questions.

En premier lieu, pour qui veut planter, comment se procurer de la terre ?

Parmi les circonstances qui auront favorisé cette replantation, l'une des plus heureuses est assurément le fait que les terres aux alentours de Sfax, sur un rayon de soixante-dix à quatre-vingts kilomètres, appartiennent au domaine de l'Etat. L'Etat a pu ainsi les mettre à la disposition des planteurs d'oliviers. Ces terres sont appelées sialines du nom de la famille Siala, qui en a eu longtemps la jouissance. Elles avaient été cédées en vertu d'un acte en date de chaoual 1003 (juin 1544) par le souverain tunisien à un nommé Salem Hassan el Ansary, dont les descendants en vendirent la concession à la famille Siala en 1173 (1759). Cette concession était précaire : elle devait être renouvelée à l'avènement de chaque nouveau souverain. A la suite du développement que les plantations d'oliviers prirent vers 1850, des conflits incessants se produisirent entre les Sfaxiens, qui s'emparaient des terres pour les planter, et les Siala qui essayaient de défendre leurs propriétés. Pour y mettre fin, S. A. Mohamed es Sadok, au nom de l'Etat tunisien, reprit possession des terres sialines en 1871. Un décret beylical, rendu sur l'initiative du ministre Kheïr ed Dine, en réglementa en même temps la vente. Toute personne voulant planter des oliviers devait demander au Caïd de lui faire mesurer une parcelle, et, moyennant le paiement d'une somme de 3 piastres 1/2 par mardja (24 fr. 25 par hectare), elle en devenait propriétaire.

Ces mesures intelligentes donnèrent une impulsion nouvelle aux plantations. De 1871 à 1881, il fut vendu, pour être plantés, 2,847 hectares de terres nues, et, au moment de l'occupation française, Sfax était entouré d'une première zone circulaire de jardins de 7,000 hectares et d'une seconde zone circulaire d'olivettes qui couvrait déjà 18,000 hectares et comprenait 380,000 arbres environ. (Les premières plantations sont plus serrées que les plantations actuelles.)

Le bruit se répandit, en 1881, que l'Administration ne voulait plus permettre de plantations nouvelles; il découragea les planteurs. Les créations d'olivettes ne cessèrent point tout à coup, mais elles se firent subrepticement, pour ainsi dire, par des personnes qui négligeaient de faire mesurer leurs parcelles, n'en payaient pas le prix et restaient ainsi sans titres de propriété.

De 1871 à 1892, 620 hectares seulement furent régulièrement mesurés et payés. Le décret du 8 février 1892 a dissipé ces malentendus. Par des dispositions claires et précises, il a rendu l'acquisition des terres sialines définitivement accessible à tout le monde. Quiconque veut planter adresse sa demande au Caïd de Sfax, en désignant les terrains qu'il compte occuper et en spécifiant s'il désire un titre arabe ou un titre immatriculé. La Direction de l'Agriculture, à laquelle la demande est renvoyée, fait soit procéder à l'immatriculation, soit établir le titre arabe, et délivre l'autorisation de planter. La seule obligation imposée à l'acquéreur est de planter son terrain dans un délai de quatre ans, soit en oliviers, soit en autres espèces arbustives ou arborescentes. Cette précaution a été prise contre les spéculateurs qui, attirés par le bon marché des terres, auraient pu en accaparer de grandes étendues sans les utiliser. Le prix de l'hectare a été abaissé à 10 fr., payables moitié au moment où est délivrée l'autorisation de planter, moitié quatre ans après, quand, les plantations étant faites, la Direction de l'Agriculture délivre le titre définitif de propriété.

L'effet de ce décret a été immédiat. Du 8 février 1892 au 1er juin 1893, sept cent quatre-vingt-treize demandes sont parvenues à la Direction de l'Agriculture. Sept cent vingt-sept émanent d'indigènes du pays qui veulent soit régulariser des occupations anciennes, soit entreprendre des plantations nouvelles (la distinction n'a pu être faite entre ces deux catégories de demandes, la plupart des demandeurs donnant comme des occupations anciennes des plantations auxquelles, pour être plus sûrs d'obtenir le terrain, ils procédaient au moment même où ils envoyaient leur demande). Soixante-six demandes émanent d'Européens qui tous entreprennent des plantations nouvelles. Les demandes indigènes portent sur une étendue totale de 36,000 hectares. Les demandes européennes portent sur environ 24,500 hectares, soit en tout 57,500 hectares, qui ajouteront près d'un million d'arbres aux 380,000 qui existaient en 1881.

Quelque progrès que la procédure inaugurée par le décret du 8 février 1892 ait réalisé sur l'ancienne, l'expérience a démontré qu'elle n'est point parfaite encore. Le demandeur est obligé de rechercher son terrain et de le désigner à l'Administration; c'est une difficulté pour les personnes résidant hors de Sfax qui désirent entreprendre une plantation. Les formalités de l'immatriculation sont longues; le demandeur est exposé à attendre un an l'autorisation de planter. Ces retards sont dispendieux pour ceux des demandeurs qui entretiennent un gérant à Sfax, et ils sont impatientants pour tous.

Ces inconvénients disparaîtraient si l'Etat faisait immatriculer en bloc les terres sialines. Une fois en possession d'une propriété reconnue et certaine, la Direction de l'Agriculture pourrait désigner elle-même aux demandeurs les terres propres aux plantations et leur délivrer immédiatement les autorisations de planter.

L'immatriculation en bloc permettrait encore à l'Administration d'établir un plan général pour la mise en culture des terres sialines. Il importe en effet de ménager, entre les plantations, les pâturages nécessaires pour l'entretien des bêtes de labour. De plus, il faut songer à réserver aussi, autour des meilleurs points d'eau, des emplacements pour les villages qui ne manqueront pas de se fonder à mesure que les Métellit nomades se fixeront pour cultiver l'olivier et que les plantations s'éloigneront de Sfax.

XI

Possibilité de se procurer des m'rharcis.

La terre achetée, comment la mettre en culture? Quelques-uns des Français qui se sont déjà rendus acquéreurs de terres sialines ont entrepris de les planter directement au moyen d'ouvriers à leur solde. Cependant la plupart préfèrent recourir au contrat de m'rharça comme à une combinaison exigeant moins de capitaux. Il est probable que ce mode de plantation restera toujours le plus employé.

On exprime quelquefois la crainte que les m'rharcis ne viennent à manquer. La reconstitution de la forêt s'arrêterait alors faute de bras.

Il ne semble pas que ces appréhensions puissent être justifiées avant longtemps, et il est possible qu'elles ne le soient jamais.

Sur les terres sialines vit par tolérance la tribu des Métellit, qui cultive un peu de céréales et se livre surtout à l'élevage des moutons.

La circulaire du Premier Ministre en date du 30 mars 1892 a défini les conditions dans lesquelles doit s'exécuter le décret du 8 février et réglé les droits des membres de cette tribu. Si un Métellit peut prouver par ses quittances d'achour qu'il ensemence depuis dix ans une parcelle de terre sialine, un droit de priorité lui est reconnu sur cette parcelle, et il a la faculté d'exercer ce droit de deux façons : ou il peut en faire l'acquisition s'il a les ressources nécessaires, ou il peut passer un contrat de m'rharsa avec le concessionnaire de la parcelle. Des deux manières ses intérêts sont sauvegardés : il acquiert une propriété soit par son argent, soit par son travail ; et, de pasteur nomade sans territoire, il peut

devenir cultivateur sédentaire, établi sur un domaine à
lui.

Il y a là une première réserve de m'rharcis. La tribu
des Metellit paraît pouvoir en fournir deux mille. La
population de Sfax en peut fournir cinq à six mille.
Il sera bon d'avoir toujours parmi les m'rharcis metellit un certain nombre de m'rharcis sfaxiens pour donner l'exemple des soins réclamés par les oliviers.

A s'en tenir à une moyenne de quinze hectares par
m'rharci (tous sont mariés et prendront, par conséquent, plus de dix hectares), la région de Sfax serait
donc, dès maintenant, en état de fournir la main-d'œuvre nécessaire pour la culture d'environ 120,000 hectares d'oliviers. Mais ce chiffre n'est vrai que pour la
première période des plantations, lorsqu'il faut arroser
les jeunes plants et en conduire la taille et lorsque les
cultures intercalaires réclament des soins particuliers.
Mais lorsque ces cultures cessent, qu'on n'arrose plus et
que l'on ne taille plus que tous les deux ans, une partie
du temps du m'rharci redevient libre et il peut entreprendre d'autres plantations.

La main-d'œuvre locale suffira donc à une première
période de replantation assez longue. Et bien qu'on ne
puisse tabler à l'avance sur des événements qu'il appar-
tient à l'initiative privée seule de provoquer, il est permis cependant de prévoir qu'à mesure qu'il y aura plus
de travail bien rémunéré à Sfax, des courants d'immi-
gration s'établiront pour y amener de nouveaux travailleurs. Dès maintenant, la Régence, dont la population
est clairsemée, tire une partie des travailleurs dont elle
a besoin du dehors, de la Tripolitaine, du Fezzan, du
Touat, du Maroc. Il est à présumer que les plantations
du centre de la Tunisie, si elles prennent une grande
extension, attireront vers elles ces étrangers.

XII

Avenir des cultures fruitières dans le centre de la Tunisie

La dernière question qui se pose est celle-ci : l'ancienne forêt du centre de la Tunisie reconstituée trouvera-t-elle l'écoulement de ses produits? La plantation de plusieurs millions d'oliviers nouveaux n'aura-t-elle pas pour effet de déprécier l'huile? L'huile étant dépréciée, la culture de l'olivier restera-t-elle rémunératrice? Le raisin sec, l'amande, la figue, la pistache ont-ils dans le monde un marché assez étendu pour que la production en puisse être entreprise en grande culture?

Je dois à l'obligeance de M. de Foville, l'éminent directeur du Bureau de la Statistique au Ministère des Finances, des chiffres qui permettent de se faire une idée précise du commerce auquel donnent actuellement lieu ces produits. Il n'a pas été possible de se procurer la statistique commerciale de tous les pays civilisés en 1892. C'est pourquoi, pour quelques-uns, on verra figurer dans les tableaux suivants les statistiques précédemment arrivées au Bureau.

Les importations d'huile d'olives ont été :

En France, en 1892, de.........Kil.	22.726.140 »
En Angleterre, en 1892, de	21.513.150 »
En Italie, en 1892, de..............	553.100 »
En Espagne, en 1891, de...........	44.679 »
En Autriche-Hongrie, en 1889, de...	3.103.600 »
En Allemagne, pendant les onze premiers mois de 1892, de...........	3.066.300 »
Dans les Pays-Bas, en 1891, de......	1.054.681 »
Aux Etats-Unis, en 1891, de........	4.914.662 »
TOTAL..........Kil.	56.976.312 »

La Belgique et la Russie ne distinguent pas l'huile d'olive des autres huiles comestibles dans leurs tableaux de douane. Les statistiques de la Suisse, de la Grèce, du Danemark, des pays Scandinaves et du Portugal ne nous sont pas connues. On peut donc évaluer en bloc à 60 millions de kilogrammes, représentant une valeur de 55 à 60 millions de francs, la quantité d'huile d'olive que le commerce international demande annuellement aux pays qui la produisent.

En 1892, la part de la Tunisie dans les importations en France a été de 5,700,000 kilogr. Mais la récolte avait été exceptionnelle. Cette part n'avait pas dépassé jusqu'alors 2 à 3 millions. La France demande ordinairement à l'étranger 17 à 18 millions de kilogrammes d'huile d'olive qui lui sont fournis principalement par l'Espagne et par l'Italie. C'est là un débouché dont la Tunisie peut s'emparer d'autant plus aisément que ses huiles sont admises en franchise en France, tandis que les huiles italiennes payent un droit de 15 francs et les huiles espagnoles un droit de 10 francs par 100 kilogr. A mesure qu'elles seront produites en quantité suffisante, les huiles tunisiennes sont donc certaines de supplanter les huiles étrangères sur le marché français. Voilà un premier placement assuré pour les produits de près de deux millions d'oliviers de plus.

Sur les marchés étrangers, l'huile d'olive tunisienne se présentera dans les mêmes conditions douanières que les huiles des autres pays. Elle ne pourra lutter contre elles que par la supériorité de ses qualités. Si l'on en juge par le rang de faveur qu'elle occupe régulièrement à la cote de Marseille, cette supériorité est assez marquée pour qu'il soit raisonnable d'espérer qu'elle se fera aisément une place à côté de ses rivales sur ce terrain. De nouveaux débouchés s'ouvriront ainsi et assureront l'écoulement des produits de nouveaux oliviers.

On pourrait s'en tenir à ces prévisions pour le mo-

ment. Trois à quatre millions d'arbres à planter suffi-
ront sans doute à l'activité d'une génération. Cependant,
si l'on voulait envisager dès maintenant les perspectives
ouvertes à la replantation de tout le centre de la Tunisie, il faudrait embrasser l'ensemble du commerce des
matières oléagineuses, dont le commerce de l'huile
n'est qu'une des branches les moins considérables.

Les importations de ces matières, l'huile d'olive non
comprise, ont été :

En France, en 1892, de......Kil.	548.985.892	»
En Angleterre, en 1892, de......	762.501.915	»
En Italie, en 1892, de...........	47.163.300	»
En Espagne, en 1891, de........	32.416.883	»
En Autriche-Hongrie, en 1889, de	28.651.000	»
En Allemagne, pendant les onze premiers mois de 1892, de.....	438.144.800	»
En Belgique, en 1891, de........	235.591.917	»
Dans les Pays-Bas, en 1891, de ..	26.878.526	»
En Russie, en 1892, de..........	12.072.060	»
Total........Kil.	2.132.406.303	»

Soit, pour une année, un mouvement de 2,132,406,303
kilos représentant une valeur d'environ 700 millions de
francs. Sur cette énorme quantité, 264,859,442 kilos ont
été importés sous forme d'huile; le reste l'a été sous
forme de graines et de fruits destinés à être convertis
en huile à leur tour dans les usines des pays importa-
teurs. Les graines et les fruits les plus recherchés sont
la graine de colza, la graine de lin, la graine de coton,
la graine de sésame, l'arachide, le coprah et l'amande de
palmiste. Ils donnent des huiles qui se cotent de 45 à
60 francs les 100 kilos à Marseille et à Paris; les huiles
de palme, d'arachide et de coprah sont les plus chères.

Or, le commerce de détail ne vend pas plus d'huile de
palme, de coprah ou d'arachide que d'huile de coton
ou d'huile de sésame. Ce n'est un secret pour personne

qu'après avoir été mélangées d'une petite quantité d'huile d'olive, ces huiles sont vendues aux consommateurs comme étant des huiles d'olive pures. L'huile d'olive vraie, si elle était produite en plus grande abondance, concurrencerait-elle ces huiles inférieures qui se couvrent ainsi de son nom? Comme elle est la plus fine et la plus comestible de toutes les huiles, cela n'est pas douteux. Il est plus difficile de prévoir quelle perturbation cette concurrence apporterait dans les prix actuels des marchés; il est probable que pour qu'elle la soutînt avec succès, les prix de l'huile d'olive devraient être abaissés.

Si éloignée que puisse être cette éventualité, les plantations d'oliviers étant des placements à très long terme, il est concevable que les planteurs se préoccupent dès maintenant de se rendre compte si leurs entreprises pourraient supporter cet abaissement de prix sans cesser d'être une bonne affaire.

Les cent kilos d'huile se sont payés en moyenne 65 francs à Sfax en ces dernières années. C'est d'après ce prix que sont établis les renseignements donnés, dans ce rapport, sur les gains d'une plantation d'oliviers. On s'étonnera qu'une marchandise qui se vend 100 à 120 francs et quelquefois davantage à Marseille n'ait valu que 65 francs à Sfax. Cet écart anormal est dû, d'une part, au droit de 6,25 % sur la vente et au droit d'exportation de 12 fr. 40 par cent kilos dont l'huile est grevée à sa sortie de Tunisie; d'autre part, aux conditions spéciales du marché de Sfax, marché qui débute et où les premiers moulins européens se sont installés seulement en 1888. Le Gouvernement du Protectorat a annoncé l'intention de supprimer les droits d'exportation dès qu'il serait libre de le faire, et la concurrence devient d'année en année plus active. Il arrivera donc un jour où ces causes artificielles auront disparu et où, entre les prix de Marseille et les prix de Sfax, il n'y aura plus d'autre écart que celui qui résultera des frais de transport et du bénéfice ordinaire des commerçants. Ce jour-là il suffira que le prix actuel de 65 francs baisse d'un cinquième ou d'un quart pour que l'huile de Tunisie puisse battre à Marseille toutes les huiles qui se donnent faussement pour des huiles d'olive.

Alors elle ne sera plus bornée au marché assez restreint de l'huile d'olive proprement dite : c'est le marché, illimité pour ainsi dire, des huiles comestibles qui s'ouvrira devant elle.

Diminués d'un cinquième ou d'un quart, les revenus des plantations d'oliviers seront-ils encore assez élevés pour rémunérer les capitaux? Si l'on se rappelle que dans les conditions actuelles un hectare planté en m'rharça exige une dépense de 53 fr. 60, qu'à vingt ans les oliviers dont il est complanté rapportent net environ 68 francs et qu'ils représentent alors une valeur marchande d'environ 850 francs, on conviendra que, même si cette diminution venait à se produire, ce qui est encore à démontrer, l'opération restera avantageuse.

En résumé, autant qu'il est permis d'établir des probabilités, l'avenir réservé aux plantations d'oliviers nouveaux dans le centre de la Tunisie semble être le suivant : jusqu'à quatre millions d'arbres, aucune modification à prévoir dans les prix actuels. Au delà de quatre millions d'arbres, baisse possible sur l'huile d'olive, mais laissant encore de beaux bénéfices. Et dans ces conditions nouvelles, nulle autre limite aux plantations que l'étendue même des terres qui y sont propres.

Le commerce de pistaches est sans portée jusqu'ici. Dans la plupart des statistiques douanières il ne fait pas l'objet d'un article distinct. Il ne paraît pas dépasser un million de francs. Mais le commerce des raisins secs, des amandes sèches et des figues sèches mérite, après le commerce de l'huile, la plus sérieuse attention.

L'importation des raisins secs a été :

En France, en 1892, de . . . . Kil.   57.684.744   »
En Angleterre, en 1892, de . . . .   102.863.847   »
En Italie, en 1892, de . . . .   933.500   »
En Autriche-Hongrie, en 1889, de . . .   7.278.500   »
En Allemagne pendant les onze pre-
      miers mois de 1892, de . . . .   25.950.700   »
En Belgique, en 1892, de . . . .   2.320.069   »
Dans les Pays-Bas, en 1891, de . . . . . .   11.127.477   »
En Russie, en 1892, de . . . .   638.820   »
Aux Etats-Unis, en 1891, de . . . .   8.608.538   »

                    TOTAL. . . . . Kil.   217.406.195   »

Soit, pour une année, un total de 217,406,195 kilogr., représentant une valeur d'environ 110 millions de francs.

L'importation des amandes sèches a été :

En France, en 1892, de . . . . Kil.   2.689.933   »
En Angleterre, en 1891, de . . . .   5.922.751   »
En Italie, en 1892, de . . . .   268.400   »
En Autriche, en 1889, de . . . .   1.761.900   »
En Allemagne, pendant les onze pre-
      micrs mois de 1892, de . . . .   4.486.400   »
En Belgique, en 1891, de . . . .   343.001   »
Dans les Pays-Bas, en 1891, de . . . . . .   777.089   »
En Russie, en 1892, de . . . .   180.180   »
Aux Etats-Unis, en 1891, de . . . .   3.188.519   »

                    TOTAL. . . . . Kil.   19.618.173   »

Soit, pour une année, un total de 19,618,173 kilogr., représentant une valeur d'environ 32 millions de francs.

La statistique des amandes de primeur se confond avec celle des fruits frais. Il est donc impossible de donner le chiffre de ce commerce, qui n'est pas sans importance.

L'importation des figues sèches a été :

En France, en 1892, de . . . . Kil.	18.438.960	»
En Angleterre, en 1891, de.	6.803.810	»
En Italie, en 1892, de	97.200	»
En Autriche, en 1889, de	16.018.600	»
En Allemagne, pendant les onze premiers mois de 1892, de.	3.105.000	»
En Belgique, en 1891, de.	2.528.636	»
Dans les Pays-Bas, en 1891, de.	1.195.667	»
En Russie, en 1892, de.	2.489.760	»
Aux Etats-Unis, en 1891, de.	3.733.578	»
Total. . . . . Kil.	54.411.211	»

Soit, pour une année, un total de 54,411,211 kilogr., représentant une valeur d'environ 25 millions de francs.

Les raisins secs sont produits principalement par la Grèce, l'Espagne et la Turquie; les amandes par l'Espagne, l'Italie et le Maroc; les figues par la Turquie, l'Italie, l'Espagne, le Portugal et l'Algérie. La Tunisie n'a jusqu'à présent qu'une part presque nulle dans ce commerce de 180 millions de francs alimenté par des pays d'un climat semblable au sien et par des cultures qui réussissent parfaitement sur son sol. De ce côté encore, les cultures fruitières du centre ont un avenir certain.

XIII

CONCLUSIONS

En raison de son sol et de son climat, le centre de la Tunisie n'est propre qu'aux cultures fruitières. Il est par conséquent placé dans la situation de tous les pays à production spécialisée. Il n'a pas à compter sur la consommation locale ; sa fortune dépend entièrement de ses exportations. Il ne peut être complètement mis en valeur, l'agriculture n'y peut atteindre la pleine prospérité qu'à la condition qu'un commerce régulier écoule au loin ces produits spéciaux. Cette condition s'était rencontrée une première fois pour lui lorsque la paix romaine régnait sur la Méditerranée. Elle se rencontre de nouveau aujourd'hui. En même temps qu'il lui a rendu la sécurité intérieure, l'établissement du protectorat français lui a rouvert le marché du monde.

Ce pays peut donc hardiment se remettre aux cultures fruitières ; je pense en avoir établi la certitude, l'écoulement de ses récoltes est désormais assuré.

Le mouvement est déjà imprimé, le Gouvernement n'a plus qu'à le seconder. Si vous voulez bien donner satisfaction aux vœux émis par la Chambre d'Agriculture de Tunisie et par la Conférence Consultative, et autoriser l'immatriculation en bloc des terres sialines, les lenteurs qui retardent aujourd'hui l'acquisition des terres disparaîtront, et les dernières difficultés qui faisaient obstacle aux plantations nouvelles seront supprimées.

Les terres sialines subviendront sans doute longtemps encore aux demandes des planteurs. Quand elles seront épuisées, le Gouvernement ne demeurera pas sans moyen d'action. Entre les terres sialines et la frontière algérienne, il possède d'autres grands domaines qu'il pourra ouvrir à leur tour à la colonisation. Le jour où toutes ces étendues auront été rendues aux cultures fruitières, la reconstitution de la forêt antique sera déjà bien avancée. L'initiative privée pourra pourvoir au reste.

Veuillez agréer, Monsieur le Ministre, les assurances de ma respectueuse considération.

Le Directeur des Renseignements et des Contrôles,
Directeur de l'Agriculture,

Paul BOURDE.

Tunis, juin 1893.

DÉCRET DU 8 FÉVRIER 1892 (10 REDJED 1309)
RÉGLANT LA VENTE DES TERRES SIALINES

Louanges à Dieu !

Nous, Ali-Pacha-Bey, Possesseur du Royaume de Tunis,

Vu les décrets du 1er moharrem 1288 (23 mars 1871), du 7 redjeb 1288 (22 septembre 1871), du 20 kada 1292 (16 décembre 1875) et du 20 rabia-el-aoual 1308 (3 novembre 1890) ;

Considérant que les terres dites *sialines* ont été occupées dans la région de Sfax dans le but d'être complantées en oliviers ; que la plupart des occupants n'ont pas effectué les formalités nécessaires pour obtenir la délivrance des titres de propriété ; qu'il y a lieu de régulariser cette situation ;

Considérant l'intérêt qu'il y a de développer par des mesures spéciales la culture de l'olivier et des arbres fruitiers dans cette contrée,

Nous avons décrété ce qui suit :

TITRE PREMIER

Régularisation des occupations anciennes

ARTICLE PREMIER

Les personnes qui, depuis le décret du 23 mars 1871 (1er moharrem 1288) ont occupé des terres sialines dans la région de Sfax, et auxquelles l'Etat n'a pas délivré de titres de propriété, devront en faire la déclaration, avec demande de délivrance de titre, au Caïd, qui la transmettra à la Direction de l'Agriculture.

Les personnes qui occupent une surface supérieure à celle faisant l'objet de leur titre, sont considérées comme n'ayant pas de titre pour l'excédent, et devront également faire régulariser leur situation pour cet excédent.

ART. 2.

Afin de faciliter aux personnes désignées dans l'article précédent l'obtention d'un titre de propriété, le prix de concession, anciennement fixé à 3 piastres 1/4 par mardja (21 fr. 25 environ par hectare) est abaissé à 15 francs par hectare. [1]

ART. 3.

Les demandes visées par l'art. 1er seront agréées, quand il y aura lieu, par le Directeur de l'Agriculture, et notification en sera faite par l'agent local du Domaine.

Le prix prévu à l'article précédent sera payé entre les mains dudit agent, moitié au moment de cette notification, et moitié quatre ans après, avec faculté d'anticipation.

Le titre de propriété sera délivré, comme il est dit à l'art. 9, après libération totale, et lorsque les conditions prévues à l'art. 6 auront été remplies.

ART. 4.

Les formalités prescrites par l'art. 1er du présent décret devront être remplies dans le délai d'un an à compter de sa promulgation, faute de quoi l'Etat rentrera en possession de son bien.

TITRE II

Concessions nouvelles

ART. 5.

Quiconque voudra désormais complanter les terres sialines de la région de Sfax remettra au Caïd une demande spécifiant l'emplacement, l'étendue et les limites du terrain dont il désire la concession.

Cette demande sera instruite et agréée, s'il y a lieu, par la Direction de l'Agriculture.

ART. 6.

Aucune demande ne sera agréée que sous engagement par le pétitionnaire d'effectuer la complantation totale du terrain accordé, en vignes, oliviers ou arbres fruitiers, conformément aux usages du pays, et dans un délai de quatre années à partir de la notification de ladite demande.

---

[1] Un décret en date du 10 mai 1893 a abaissé de nouveau ce prix à 10 fr., égalisant ainsi le prix de l'hectare d'occupation ancienne et le prix de l'hectare de concession nouvelle.

A l'expiration de ce délai, une commission composée de deux amins ou experts désignés, l'un par le Directeur de l'Agriculture, l'autre par le demandeur, et d'un délégué de l'Administration, constatera l'état de la complantation du terrain.

Sur le rapport de cette commission, le Directeur de l'Agriculture décidera s'il y a lieu de faire la concession.

Dans le cas de l'affirmative, et lorsque le prix aura été payé, la vente sera conclue et un titre de propriété sera remis au demandeur, comme il est dit dans l'art. 9 ci-dessous.

Dans le cas de la négative, l'Etat reprendra possession du terrain, sans qu'aucune indemnité puisse être réclamée par le demandeur.

Art. 7.

Le prix de concession est fixé uniformément à 10 francs par hectare.

Au moment où leur demande sera agréée, les demandeurs verseront, à titre de dépôt de garantie, de remboursement des frais de mesurage et d'indemnité de jouissance pendant la période qui leur est accordée pour la complantation, une somme de 5 francs par hectare.

Lorsque les demandeurs auront rempli les conditions de complantation et qu'ils auront été avisés par le Directeur de l'Agriculture qu'il y a lieu de leur accorder la concession, la vente sera réalisée dans le délai d'un mois à dater de cet avis.

Il leur sera tenu compte de la somme de 5 francs par hectare qu'ils auront versée lors de l'agrément de leur demande, et elle viendra en déduction du prix de 10 francs fixé par le paragraphe 1er du présent article.

En cas de non exécution des conditions imposées, cette somme restera acquise à l'Etat.

Art. 8

Tout demandeur qui n'aura pas rempli les conditions imposées ne pourra plus refaire de demande de concession pour le même terrain.

Art. 9

Le titre prévu aux articles 3 et 6 sera délivré par la Direction de l'Agriculture, avec un plan dressé par le Service Topographique.

Ce titre pourra être, à la volonté du demandeur, ou un titre notarié arabe, ou un titre foncier d'immatriculation.

Dans ce dernier cas, les frais d'immatriculation seront supportés par l'Etat.

ART. 10

Le droit de complantation résultant de l'acceptation des demandes prévues par l'article 5 est personnel.

Toute cession de ce droit, faite sans l'agrément exprès du Directeur de l'Agriculture, entraînera le retrait immédiat de l'autorisation, sans indemnité.

ART. 11

Les dispositions du titre II ci-dessus sont applicables aux terres domaniales situées entre les oasis d'El-Oudiane et de Tozeur.

ART. 12

Est expressément abrogée toute disposition contraire au présent décret.

Notre Premier Ministre et le Directeur de l'Agriculture sont chargés d'en assurer l'exécution.

Vu pour promulgation et mise à exécution :

Tunis, le 9 février 1892.

Le Consul de France, délégué à la Résidence Générale de la République Française,

E. REGNAULT.

CIRCULAIRE de S. Exc. le Premier Ministre aux Caïds de Sfax et des Métellit, réglant l'application du décret du 8 février 1892.

Tunis, le 30 mars 1892.

MONSIEUR,

J'ai l'honneur de vous envoyer le texte du décret du 8 février 1892 relatif aux terres dites « sialines ». Vous serez chargé de l'appliquer dans votre circonscription, et vous voudrez bien vous pénétrer dans ce but des instructions suivantes.

TITRE PREMIER

Régularisation des occupations anciennes

En vertu de l'article 1er, vous êtes chargé de recevoir les demandes des personnes qui, ayant occupé des terres sialines et n'ayant pas de titres de propriété, doivent faire régulariser leur situation.

Le Gouvernement désire éviter que des occupants n'ayant pas eu connaissance du décret ne tombent à leur insu sous le coup de l'article 4, ce qui les exposerait à perdre tout droit sur le terrain qu'ils ont occupé. Dans ce but, un agent du Service Topographique, accompagné d'un amin, sera chargé de tracer le périmètre des terrains qui ont été plantés depuis le 23 mars 1871 (1er moharrem 1288). Si l'agent du Service Topographique et l'amin rencontraient quelques difficultés dans cette opération, vous aurez soin de les aplanir.

Vous inviterez toutes les personnes qui occuperont un terrain dans ce périmètre à produire leurs titres. Celles qui en posséderont devront vous les présenter, et, après que vous aurez constaté qu'elles sont en règle, il ne leur sera rien réclamé. Celles qui ont un titre, mais qui occupent une surface supérieure à celle qui fait l'objet de ce titre, doivent, conformément au paragraphe 2 de l'article 1er, vous adresser une demande de délivrance de titre pour l'excédent du terrain qu'elles occupent. Enfin, celles qui n'auront point de titre devront, conformément au paragraphe 1er du même article, vous adresser une demande de délivrance de titre pour la totalité de terrain qu'elles occupent.

Dès qu'une demande de délivrance de titre vous parviendra, vous en remettrez une copie au Contrôle civil. Vous vous entendrez ensuite avec le géomètre chargé par le Service Topographique de lever les plans, pour fixer le jour où il sera procédé au bornage du terrain pour lequel le titre est demandé. Vous porterez cette date, au moins un mois à l'avance, à la connaissance du public par des affiches apposées à la porte du Contrôle civil et du Caïdat, par des publications dans les marchés du territoire et par tous les autres moyens en usage dans le pays, en invitant les personnes qui croiraient avoir des réclamations à formuler à les présenter sur les lieux le jour du bornage. Vous constaterez par un certificat que ces formalités d'affichage et de publication ont été accomplies.

Le géomètre dressera un procès-verbal du bornage, où il mentionnera les réclamations qui auront pu se produire. Vous ferez faire de ce document une traduction en arabe que vous communiquerez dans vos bureaux aux intéressés qui en feront la demande, et vous transmettrez le texte français au Directeur de l'Agriculture, avec la demande de délivrance de titre.

Dans le cas où un territoire complanté serait revendiqué par deux ou plusieurs personnes, vous vous efforceriez d'établir un accord entre les réclamants. Dans le cas où vous n'y parviendriez pas, vous joindrez les revendications au procès-verbal et vous les transmettrez au Directeur de l'Agriculture, qui prendra les mesures nécessaires.

Les demandes agréées par le Directeur de l'Agriculture vous seront retournées par lui. Aussitôt leur réception, vous notifierez cet agrément aux intéressés, en les invitant à verser entre vos mains la somme due en vertu du paragraphe 2 de l'article 3.

TITRE II

Concessions nouvelles

En vertu de l'article 5, vous êtes chargé de recevoir les demandes de concession des personnes qui voudraient vivifier par complantation des terrains sialines.

Ces demandes devront spécifier l'emplacement, l'étendue et les limites du terrain demandé. Elles devront, en outre, indiquer si, conformément à la faculté qui lui est laissée par l'article 9, le demandeur désire un titre foncier d'immatriculation ou un titre notarié arabe; si cette indication était omise, vous inviterez le demandeur à réparer l'omission.

Dès qu'une de ces demandes, complètement en règle, sera en votre possession, vous la transmettrez au Directeur de l'Agriculture, après en avoir remis une copie au Contrôleur civil.

1° *Cas où il sera demandé un titre foncier d'immatriculation.*

Si le demandeur désire un titre foncier d'immatriculation, le Directeur de l'Agriculture déposera une demande en immatriculation au nom de l'Etat pour le terrain demandé, afin de pouvoir, quand le délai de complantation sera écoulé, faire, s'il y a lieu, une cession régulière au demandeur.

Au cours de la procédure d'immatriculation, vous devrez assister ou vous faire représenter à l'opération du bornage. Vous n'aurez pas à vous occuper des oppositions faites par des personnes prétendant avoir des titres de propriété sur le terrain demandé. Ce sera affaire au Tribunal mixte à en apprécier la valeur. Mais si des oppositions sont faites par des personnes qui, sans prétendre à la propriété, invoqueront l'habitude d'ensemencer sur cette partie du domaine beylical, vous aurez à les examiner avec une attention particulière.

Vous inviterez ces réclamants à faire la preuve qu'ils ensemencent tout ou partie du terrain demandé depuis dix ans au moins.

S'ils ne peuvent pas faire cette preuve, vous rejetterez leurs réclamations.

S'ils peuvent faire cette preuve, le Gouvernement, dans sa sollicitude pour la population locale, est décidé à leur accorder la priorité pour la complantation des parties de terrain qu'ils ont l'habitude d'ensemencer.

Deux cas peuvent alors se présenter.

Dans le premier cas, les réclamants disposeront des ressources nécessaires pour l'acquisition du terrain. Ils devront alors vous adresser une demande de concession rédigée conformément au décret du 8 février 1892.

Dans le second cas, ces personnes n'auront pas les moyens de faire les frais d'acquisition du terrain. Vous les inviterez alors à accepter un contrat de m'rharça avec la personne qui aura demandé la concession de ce terrain. En vertu de ce contrat ils pourront devenir propriétaire de la moitié du terrain au moment du partage de la plantation.

Si les réclamants ne veulent ni acquérir le terrain domanial et le planter pour leur compte, ni accepter un contrat de m'rharça avec la personne qui aura demandé la concession de ce terrain pour le planter, et qu'ils n'en prétendent pas moins jouir du terrain, vous rejetterez leurs réclamations.

L'intention formelle du Gouvernement est, en effet, de favoriser la culture de l'olivier. Entre plusieurs demandeurs, c'est donc celui qui voudra planter qui devra toujours avoir la préférence.

Le géomètre chargé de l'opération du bornage dressera un procès-verbal où vous ferez consigner toutes les réclamations que vous aurez reçues et la suite qu'après enquête elles vous paraîtront devoir comporter. Vous ferez faire de ce document une traduction arabe que vous tiendrez dans vos bureaux à la disposition des intéressés qui vous en feront la demande, et vous transmettrez le texte en français au Directeur de l'Agriculture.

2° Cas où il sera demandé un titre notarié arabe

Si le demandeur désire un titre notarié arabe, le Directeur de l'Agriculture, d'accord avec l'Ingénieur Chef du Service Topographique, désignera le jour où vous procèderez, avec le concours d'un géomètre du Service, au bornage du terrain demandé.

Un mois à l'avance, vous porterez cette date à la connaissance du public par des affiches apposées à la porte du Contrôle civil et du Caïdat, par des publications sur les marchés et par tous les autres moyens en usage dans le pays, en invitant les personnes qui auraient des prétentions à émettre sur le terrain demandé à les présenter sur les lieux le jour du bornage. Vous constaterez par un certificat que ces formalités d'affichage et de publication ont été accomplies.

Si des personnes prétendent avoir des droits de propriété sur le terrain demandé, vous examinerez leurs réclamations. Si des personnes, sans prétendre avoir des titres de propriété, invoquent l'habitude d'ensemencer sur cette partie du domaine beylical, vous agirez comme il est dit ci-dessus, c'est-à-dire que vous rejetterez les réclamations de celles qui ne pourront pas prouver qu'elles ensemencent depuis dix ans; que vous offrirez la priorité pour la complantation à celles qui ensemencent depuis dix ans et qui pourront acheter le terrain; que vous offrirez à celles qui ensemencent depuis dix ans, et qui n'ont pas les ressources nécessaires pour acheter le terrain, de passer des contrats à m'rharça avec les demandeurs; et que vous rejetterez les réclamations de celles qui ne voudront ni planter pour leur compte ni planter à m'rharça.

Le géomètre dressera un procès-verbal du bornage, où il consignera toutes les réclamations. Vous le transmettrez au Directeur de l'Agriculture, après en avoir fait une traduction en arabe que vous tiendrez dans vos bureaux à la disposition du public.

Les demandes de concession agréées par le Directeur de l'Agriculture vous seront retournées par lui. Aussitôt leur réception, vous notifierez cet agrément aux intéressés, en les invitant à verser entre vos mains la somme due en vertu du paragraphe 2 de l'article 7 du décret.

Les sommes que vous percevrez, soit pour la régularisation des occupations anciennes, soit pour les concessions nouvelles, seront perçues par vous comme vos recettes ordinaires. Des instructions vous seront données par le Service des Finances pour le classement de ces recettes dans vos documents de comptabilité, pour le versement des produits et pour toutes les opérations auxquelles elles peuvent donner lieu.

Vous êtes autorisé à prélever personnellement 10 % sur les encaissements pour vous couvrir de vos propres frais.

Recevez, etc.

MODÈLE d'un contrat de « m'rharça » passé devant le Contrôleur civil de Sfax, faisant fonctions de Vice-Consul, pour une plantation d'oliviers.

Par-devant nous, vice-consul de France, faisant fonctions de notaire, assisté de M.   , et en présence de MM.   ,
témoins instrumentaires à ce requis,

Sont comparus :

D'une part, M. X..., demeurant à   , élisant domicile pour l'exécution des présentes, tant comme défendeur que comme demandeur, en la demeure de M. Y..., y demeurant;

2° Et, d'autre part, les sieurs   , de la tribu des   , de la fraction des   , y demeurant et domiciliés,

Lesquels ont, par les présentes, arrêté et fait entre eux les conventions suivantes :

ARTICLE PREMIER

M.   , ès noms et qualités, actuellement en instance auprès du Gouvernement tunisien pour l'acquisition, dans la circonscription de Sfax, de
hectares de terres, aux conditions prévues par le décret du 8 février 1892 relatif auxdites terres, s'engage, pour le cas où une suite favorable serait donnée à sa demande, à prendre comme fermiers intéressés, c'est-à-dire, suivant l'expression arabe, comme m'rharcis, et cela suivant les usages du pays, les
susnommés.

ART. 2.

Pour l'exécution de ce contrat, M.   s'engage, lorsqu'il aura été mis lui-même en possession du terrain qu'il a demandé, à mettre à la disposition de chacun de ses m'rharcis dix hectares de terrain pour être plantés en oliviers.

Art. 3.

Les frais d'achat des terrains dans les conditions du décret précité, les dépenses nécessaires pour la clôture au moyen de tabias en terre rapportée, resteront entièrement à la charge de M.

Art. 4.

M.   s'engage, en outre, à faire creuser dans son immeuble un puits dont l'usage sera commun à tous ses m'rharcis, et à consentir à ceux de ses m'rharcis qui lui en feront la demande les avances dont ils auront besoin pour l'achat du cheptel et du matériel nécessaires à la plantation. Mais il est bien convenu entre les parties que ces avances, qui ne seront pas productives d'intérêts, devront être, en fin d'association, intégralement rembousées par les m'rharcis, et que le remboursement en sera garanti par la part même revenant aux m'rharcis. D'autre part, ces avances ne seront consenties qu'au fur et à mesure des travaux exécutés, et seulement jusqu'à concurrenee de la valeur de ces travaux, diminuée des deux cinquièmes.

Art. 5.

Les   susnommés s'engagent, de leur côté, chacun pour leur compte, à planter en oliviers, suivant les usages du pays, les   hectares qui auront été mis à leur disposition. Les oliviers devront être plantés suivant un alignement régulier, à raison de seize à vingt par hectare, dans des trous de quarante à cinquante centimètres de diamètre, sur autant de profondeur. Le terrain affecté à la plantation devra, sur toute son étendue, être débarrassé de toutes les herbes parasites, notamment du chiendent, et être maintenu dans un état constant de propreté au moyen de labours répétés, soit à l'aide de la charrue, soit à l'aide de la maâcha. La plantation des oliviers devra être faite dans le délai d'un an à partir du jour de l'installation des m'rharcis.

Art. 6.

Pendant les quatre premières années de la plantation, les m'rharcis pourront ensemencer des céréales, ou faire telle autre culture qu'ils voudront entre les oliviers. Ils auront droit au produit total de ces cultures s'ils ont eux-mêmes avancé la totalité des semences ; mais si une partie des semences est avancée par

M.   , ce dernier aura droit à une part égale à la part
des semences qu'il aura fournies sur la demande des m'rharcis,
c'est-à-dire qu'il aura droit au quart de la récolte s'il a fourni le
quart des semences, et ainsi de suite. A partir de la cinquième
année, toute culture entre les oliviers sera interdite.

Art. 7.

A titre d'avances remboursables, comme il a été dit plus haut,
M.   remet à chacun des m'rharcis susnommés une somme
de   francs, qu'ils reconnaissent avoir reçue et dont ils
donnent par les présentes bonne et valable quittance, et qu'ils
s'engagent à rembourser à M.   si ce dernier ne pouvait
obtenir du Gouvernement tunisien les terrains qu'il a demandés.

Art. 8

Aux termes du présent contrat, les m'rharcis susnommés auront
droit, suivant les usages du pays, à la moitié du terrain planté
lorsque les oliviers seront en bon état de production, à charge par
eux de rembourser toutes les avances qui leur auront été faites. Il
est expressément convenu entre les parties qu'en tout état de cause
le partage des plantations entre les m'rharcis et M
ou ses mandants devra être fait au plus tard dans la dixième année
qui suivra celle du commencement de la plantation.

Pour l'exécution du partage, chacun des lots donnés à m'rharça
sera partagé par moitiés égales, et les lots ainsi formés seront
tirés au sort.

Art. 9

Les frais des présentes seront supportés par M
Le capital social engagé pour l'exécution du présent contrat est,
pour la taxation des présentes, évalué à la somme de

Dont acte.

Fait et passé en la Chancellerie du Vice-Consulat de France, à
Sfax, le   189 , et ont les témoins, assis-
tants et comparants, signé avec nous après lecture faite.

Les m'rharcis ne sachant écrire ont apposé leur croix en présence des témoins soussignés et dénommés en tête des présentes.

MODÈLE d'une autorisation de plantation délivrée par la Direction de l'Agriculture.

Entre les soussignés :

X....., Directeur de l'Agriculture, agissant en vertu du décret du 8 février 1892,

d'une part,

Et M.   , né à   , le   18 ,
lequel déclare faire élection de domicile, pour l'exécution des présentes, au Greffe de la Justice de Paix de Sfax,

d'autre part,

Il a été convenu ce qui suit :

ARTICLE PREMIER

M. X....., ès qualité, promet de concéder à M.
dans un délai de quatre années à partir de la signature du présent acte, la(1)   d'une propriété située sur le territoire du Contrôle de Sfax, dont l'immatriculation a été requise sous le nom de   , et qui est figurée au plan ci-annexé, dressé par le Service Topographique.

ART. 2

La réalisation de la concession est subordonnée à l'exécution des conditions suivantes :

1º M.   devra verser entre les mains du Caïd de Sfax, pour recevoir la présente autorisation, une somme de
francs   , calculée à raison de *cinq francs* par hectare, à titre de remboursement des frais de mesurage et d'indemnité de jouissance ;

2º M.   s'engage à effectuer, dans le délai de quatre ans stipulé plus haut, la complantation totale du terrain en vignes, oliviers ou arbres fruitiers, conformément aux usages du pays :

(1) Totalité ou partie.

soit, pour les oliviers, à raison d'un minimum de seize pieds par hectare, placés à distances égales ;

3° Au moment de la délivrance du titre de propriété immatriculée, M.   payera une nouvelle somme de   , calculée à raison de *cinq francs* l'hectare, comme prix de la concession.

Le croquis visuel joint à la présente autorisation n'étant qu'approximatif, et le plan définitif ne pouvant être établi qu'après l'immatriculation, le calcul au moyen duquel les sommes portées ci-dessus ont été fixées sera revisé au moment de la délivrance du titre de propriété, et il sera tenu compte des différences, soit au profit de l'Etat, soit au profit du concessionaire, de manière à ce que la somme totale payée par hectare soit exactement de dix francs.

Art. 3

A l'expiration du délai de quatre ans, une Commission composée de deux experts, désignés l'un par le Directeur de l'Agriculture, l'autre par M.   , et d'un délégué du Contrôle civil, constatera si le terrain a été complanté conformément au paragraphe 2 de l'article 2.

Si M.   se refusait à désigner un expert, cette désignation serait faite par le Tribunal.

Cette Commission aura tous les pouvoirs accordés aux arbitres, et sa décision ne pourra être l'objet d'aucun recours judiciaire.

Dans le cas où M   , ayant complanté le terrain, désirerait acquérir le titre de propriété avant quatre ans, il pourra en faire la demande, en offrant d'anticiper le versement du prix de la concession.

Art. 4

Si le rapport de la Commission de vérification constate que la plantation a été opérée dans les conditions requises, le Directeur de l'Agriculture, après que M.   aura payé le prix de la concession, lui délivrera un titre de propriété immatriculée, sans autres frais que les droits de timbre et de mutation.

Art. 5

Dans le cas où tout ou partie du terrain n'aurait pas été complanté, l'Etat reprendra possession des parties non complantées, sans qu'aucune indemnité puisse être réclamée par M.   et la somme versée restera, dans tous les cas, acquise à l'Etat.

Art. 6

M.   est autorisé à commencer la plantation du terrain aussitôt qu'il aura effectué son premier versement de cinq francs par hectare.

Art. 7

Le droit de plantation accordé à M.   par l'article précédent est purement personnel. Toute cession de ce droit faite sans l'agrément exprès du Directeur de l'Agriculture entraînera le retrait immédiat de l'autorisation, sans indemnité.

Art. 8

L'Etat se réserve le droit de faire tracer sur la propriété et de livrer à la circulation les chemins dont l'ouverture paraîtrait nécessaire à l'Administration des Travaux publics ou à la Direction de l'Agriculture pour assurer la viabilité générale de la contrée ou le passage des voisins. Le demandeur ne pourra réclamer de ce chef aucune indemnité.

Art. 9

Les   oliviers appartenant à l'Etat qui se trouvent sur le terrain faisant l'objet du présent contrat ne sont pas compris dans le prix de la concession fixé plus haut.

Ils seront payés à part, en même temps que le premier versement stipulé au paragraphe 1er de l'article 2, à raison de francs   par pied.

Dans le cas où l'Etat reprendrait possession du terrain, ainsi qu'il est dit à l'article 5, la somme payée de ce chef serait restituée au demandeur, sous déduction, s'il y a lieu, d'une indemnité pour dégradations, mauvais entretien ou destruction, dont le chiffre serait fixé par la Commission de vérification désignée à l'article 3.

Fait double à Tunis, le   18

LE DIRECTEUR DE L'AGRICULTURE,

LE DEMANDEUR,

TABLE DES CHAPITRES

APPENDICES